www.ingramcontent.com/pod-product-compliance
Lightning Source LLC
LaVergne TN
LVHW010559070526
838199LV00063BA/5014
9789358729474

پھلجھڑی مسکراہٹوں کی

(مزاحیہ مضامین)

مرتب:

فرح عندلیب

© Taemeer Publications LLC
Phuljhadi MuskurahatoN ki (Humorous Essays)
by: Farha Andaleeb
Edition: February '2024
Publisher :
Taemeer Publications LLC (Michigan, USA / Hyderabad, India)

ISBN 978-93-5872-947-4

مصنف یا ناشر کی پیشگی اجازت کے بغیر اس کتاب کا کوئی بھی حصہ کسی بھی شکل میں بشمول ویب سائٹ پر اَپ لوڈنگ کے لیے استعمال نہ کیا جائے۔ نیز اس کتاب پر کسی بھی قسم کے تنازع کو نمٹانے کا اختیار صرف حیدرآباد (تلنگانہ) کی عدلیہ کو ہوگا۔

© تعمیر پبلی کیشنز

کتاب	:	**پھلجھڑی مسکراہٹوں کی** (مزاحیہ مضامین)
مرتبہ	:	**فرح عندلیب**
صنف	:	طنز و مزاح
ناشر	:	تعمیر پبلی کیشنز (حیدرآباد، انڈیا)
سالِ اشاعت	:	۲۰۲۴ء
صفحات	:	۹۰
سرورق ڈیزائن	:	تعمیر ویب ڈیزائن

فہرست

(۱)	انسانی ناک	شفیق الرحمٰن	6
(۲)	تعویذ	شفیق الرحمٰن	11
(۳)	میں ایک میاں ہوں	پطرس بخاری	24
(۴)	مرحوم کی یاد میں	پطرس بخاری	34
(۵)	پیرو مرشد	کنہیالال کپور	54
(۶)	پانچ قسم کے بے ہودہ شوہر	کنہیالال کپور	65
(۷)	بسم اللہ۔۔۔ اللہ اکبر	شوکت تھانوی	69
(۸)	شادی حماقت ہے	شوکت تھانوی	77
(۹)	آزادی کا شوق	شوکت تھانوی	84

(۱) انسانی ناک
شفیق الرحمٰن

انسانی ناک پر ایک تقریر۔(ولیم سروین کے ناول دی ہیومن کامیڈی سے ایک باب۔ ترجمہ کرنل شفیق الرحمٰن)

"تھوڑے ہی دنوں کی بات ہے کہ ایشیائے کوچک میں کھدائی ہوئی تو ایک عظیم الشان سلطنت کے آثار برآمد ہوئے۔۔۔"

ہومر غنودگی میں تھا۔ وہ سوچ رہا تھا کہ یہ عظیم الشان سلطنت کہاں تھی؟ اتھا کا میں؟ کیلیفورنیا میں؟ پھر کیا ہوئی؟ اب نہ اس میں عظیم انسان ہیں، نہ ایجادیں نہ دھوپ گھڑیاں، نہ اعداد و شمار نہ رات منڈل نہ کوئی راگ رنگ، نہ کچھ اور۔ اور کہاں ہے یہ عظیم الشان سلطنت؟

وہ ہڑبڑا کر اٹھا اور ادھر ادھر جھانکنے لگا۔ جدھر نگاہیں جاتیں، ہیلن کا چہرہ سامنے آ جاتا۔ سب سے بڑی سلطنت تو یہ چہرہ تھا۔

"حطیطی مصر کے ساحل پر جا پہنچے اور ملک بھر میں پھیل گئے۔ عبرانی خون میں آمیزش کرکے انہوں نے عبرانیوں کو حطیطیوں جیسی ناک عطا کی۔"

ہیلن خاموش ہوگئی۔ سبق ختم ہو گیا تھا۔

"شاباش ہیلن!۔۔۔" استانی نے کہا۔

ہیلن اپنی جگہ پر بیٹھ گئی۔ استانی نے پوچھا۔ "بچو! آج کے سبق سے کیا سیکھا؟"

"یہی کہ دنیا میں ہر شخص کے ناک ہوتی ہے۔" ہومر نے جواب دیا۔

"اور کیا سیکھا؟"

"اور یہ کہ ناک صرف صاف کرنے یا زکام کروانے کے لیے ہی نہیں ہے بلکہ تاریخ قدیم کے سلسلے میں بھی کام آتی ہے۔"

"کوئی اور بچہ جواب دے۔" استانی نے جماعت کی طرف دیکھا۔

"جی میں تو سبق کی باتیں بتا رہا ہوں۔ ناک اتنی اہم چیز نہ ہوتی تو اس کا ذکر کیوں کیا جاتا۔" ہومر بولا۔

"تو پھر اٹھو اور انسانی ناک پر تقریر کرو۔" استانی نے کہا۔

تقریر تو کیا کر سکتا ہوں لیکن تاریخ کے مطالعے سے اس نتیجے پر پہنچا ہوں کہ زمانہ ماضی سے لے کر آج تک چہروں پر ہمیشہ ناک رہی ہے۔ اس کا ثبوت یہ ہے کہ کلاس میں ہر چہرے کے ساتھ ایک ناک ہے۔ چاروں طرف ناکیں ہی ناکیں ہیں۔ ناک انسانی چہرے کا غالباً مہمل ترین حصہ ہے۔ بنی نوع انسان کو جتنا ناک نے پریشان کیا کسی اور چیز نے نہیں کیا۔ حطیطیوں کی اور بات ہے، ان کی ناک بے حد نفیس اور عام ناکوں سے مختلف تھی۔ لیکن دھوپ گھڑی کی ایجاد کو زیادہ اہمیت نہیں دی جا سکتی کیونکہ بعد میں کسی نے اصل گھڑی بنا دی۔ اگر اہم ہے تو بس ایک چیز۔۔۔ ناک۔۔۔۔"

مسخرہ جوزف بڑے شوق سے سن رہا تھا۔ اسے ہومر کی یہ باتیں بہت اچھی معلوم ہوئیں۔

کچھ لوگ بالکل ناک میں بولتے ہیں۔ کئی ناک کے ذریعے خراٹے لیتے ہیں۔ کچھ ہمیشہ ناک کی سیدھ میں چلتے ہیں۔ کیئوں کو ناک میں نکیل ڈال کر مطیع کیا جا سکتا ہے۔ انسان ناک گھس کر منتیں کرتا ہے۔ توبہ کرتے وقت ناک رگڑتا ہے۔ ناک میں دم آ

جائے تو ناک سے تین سیدھی لکیریں کھینچتا ہے۔ خاندان کی ناک بنا رہتا ہے۔ اپنی ناک پر مکھی نہیں بیٹھنے دیتا۔ کسی کی بیہودہ حرکت سے خاندان کی ناک کٹ جاتی ہے۔ موم کی ناک کو جدھر چاہو موڑ لو۔ ناک کا بال ناک سے زیادہ قیمتی ہوتا ہے۔ بعض لوگ دوسروں کے معاملے میں خواہ مخواہ اپنی ناک ٹھونس دیتے ہیں۔ ناک ساکن ہے لیکن چہرہ متحرک ہے۔ اس لیے جہاں چہرہ جاتا ہے ناک کو بھی جانا پڑتا ہے۔ ناک صرف سونگھنے کے لیے ہے۔ بہت سے لوگ اپنی ناک سے ہی بہت کچھ تاڑ جاتے ہیں۔"

ہومر نے ہیوبرٹ کی طرف دیکھا، پھر ہیلن کی طرف، جس کی ناک میں ذرا سا خم تھا۔

ایسے لوگوں کی ناکوں کا رخ آسمان کی طرف رہتا ہے، جیسے ناک کے رخ ہی تو بہشت جائیں گے۔ ایک دو جانوں کو چھوڑ کر سب کے نتھنے ہوتے ہیں۔ مکمل ناک فقط انسان کے حصے میں آئی ہے۔ پھر بھی حیوانوں کی قوت شامہ ہم سے تیز ہے۔ میں اس بات پر زور دینا چاہتا ہوں کہ ناک ہی فساد کی جڑ ہے۔ اسی سے دوستی ٹوٹتی ہے، لڑائیاں ہوتی ہیں، کنبوں میں پھوٹ پڑتی ہے۔ جنگوں کی اصل وجہ ناک ہے۔ مس ہکس! میں دوڑ میں چلا جاؤں؟"

استانی خوش تھی کہ چھوٹی سی بات کو ہومر نے کس طرح بڑھا چڑھا کر بیان کیا، لیکن بچوں کو قابو میں رکھنا بھی ضروری تھا۔ اس نے سر ہلا کر کہا" نہیں ہومر، تم یہیں رہو گے، اور ہیوبرٹ تم بھی۔ اچھا، اب ناک کو دفع کرو اور جو کچھ پڑھا ہے اس کے متعلق بتاؤ۔"

کلاس خاموش تھی۔ "کچھ تو کہو۔"

مسخرے جوزف نے اٹھ کر ایک رباعی پڑھی۔

"ناکیں لال لال ہیں

بنفشہ نیلا نیلا ہے

جماعت نیم مردہ ہے

آپ کا رنگ پیلا ہے۔"

"کچھ اور۔۔۔؟" استانی نے پوچھا۔

"جہاز راں اور سیاح لوگوں کی ناکیں پکوڑے جیسی ہوتی ہیں۔" ایک لڑکی بولی۔

"جڑواں بچوں کی دو ناکیں ہوتی ہیں۔" جوزف بولا۔

"ناک ہمیشہ آگے ہوتی ہے، سر کے پیچھے کبھی نہیں ہوتی۔" جوزف کا ایک ساتھی بولا۔

"کچھ اور۔۔؟؟" استانی برابر یہی کہے جا رہی تھی۔ "اچھا تم بتاؤ ہنری"

"جی میں ناکوں کے بارے میں کچھ نہیں جانتا۔"

"حضرت موسیٰ کے متعلق تو جانتے ہو؟" جوزف نے ہنری سے پوچھا۔

"ہاں! انجیل میں ان کا ذکر ہے۔"

"ان کے ناک تھی یا نہیں؟"

"تھی۔"

"تو کہہ دو کہ حضرتِ موسیٰ صاحبِ ناک تھے۔۔ تمہیں معلوم نہیں کہ ہم تاریخِ قدیم پڑھ رہے ہیں۔ تم لوگ علم حاصل کرنے کی کوشش ہی نہیں کرتے۔"

"کچھ اور۔۔" استانی نے پھر پوچھا۔

"خیالات اڑتے ہیں، قدم چلتے ہیں اور ناک بہتی ہے۔" جوزف بولا۔

"مس ہکس، دوڑ میں جانے کی اجازت دے دیجیے۔" ہومر نے عاجزی سے کہا۔

"مجھے کسی دوڑ ووڑ کی خبر نہیں۔ اچھا کوئی اور۔۔؟"

"جی میں نے اتنا کچھ تو کہا ہے ناکوں کے متعلق۔" ہومر بولا۔

"وہ سب مہمل تھا۔"

اتنے میں گھنٹی بجی، بچے منتشر ہو گئے۔ صرف ہومر اور ہیوبرٹ رہ گئے۔

(۲) تعویذ

شفیق الرحمٰن

چار بجے شیطان چائے پینے آئے۔ جب ہم پی کر باہر نکلے تو دفعتاً انہیں محسوس ہوا کہ چائے ٹھنڈی تھی،۔ چنانچہ ہم ان کے ہوسٹل گئے وہاں کھولتی ہوئی چائے پی گئی، لیکن وہ مطمئن نہ ہوئے۔ منہ بنا کر بولے کہ یہ چائے بھی نامکمل رہی، کیونکہ اس کے ساتھ لوازمات نہیں تھے۔ طے ہوا کہ کسی کیفے میں جا کر باقاعدہ چائے پی جائے،۔۔

مصیبت یہ ہے کہ شیطان کو ہر وقت چہاس لگی رہتی ہے اور وہ ان لوگوں میں سے ہیں، جنہیں دن میں دو مرتبہ قیامت کا سامنا کرنا پڑتا ہے۔ ایک تو جب علی الصبح نو دس بجے اٹھتے ہیں، تو ان کے سامنے دنیا اندھیر ہوتی ہے اور وہ سوچتے ہیں کہ،۔۔ع۔ منحصر مرنے پہ ہو جس کی امید۔۔۔ لیکن چائے کی چند پیالیوں کے بعد انہیں یکایک پتا چلتا ہے کہ ع ابھی عشق کے امتحاں اور بھی ہیں۔۔۔۔ یہی تماشا چار بجے چائے کے وقت ہوتا ہے۔ ساڑھے تین بجے سے بیزار ہوتے ہیں اور ساڑھے چار بجے ان جیسا مسخرہ ملنا محال ہے۔ اگر وہ چائے کی دریافت سے پہلے اس دنیا میں ہوتے تو خدا جانے ان کا کیا حال ہوتا۔۔

ہم سائکلوں پر ٹہلتے ٹہلتے کیفے میں پہنچے جہاں ہمیں اکثر بڈی (BUDDY) ملا کرتا تھا۔ اندر جا کر دیکھا تو سب کچھ سنسان پڑا تھا، فقط ایک کونے میں ایک نحیف و نزار نوجوان بیٹھا چائے پی رہا تھا۔ ہم اس کے قریب جا بیٹھے۔ ہماری پشت اس کی پشت کی طرف تھی۔

سسکیوں کی آواز نے ہمیں چونکا دیا وہ سُبڑ سُبڑ رو رہا تھا۔ چہرے سے پھسلتے ہوئے

آنسو سینڈوچز، کیک کے ٹکڑوں اور چائے کی پیالی میں ٹپ ٹپ گر رہے تھے۔ غور سے دیکھتے ہیں تو یہ امجد تھا۔ امجد ہمارا پرانا دوست تھا، جو مدت سے لاپتہ تھا۔ ہم اس کی میز پر جا بیٹھے۔ بسُور بسُور کر اس نے علیک سلیک کی اور پھر رونے میں مصروف ہو گیا۔ شیطان بولے۔ دیکھئے مولانا، اگر آپ سینڈوچز یا چائے کے سلسلے میں رو رہے ہیں تو بہتر یہی ہو گا کہ کم از کم یہاں سب کے سامنے نہ روئیں۔ کیونکہ جس شخص نے یہ چیزیں تیار کی ہیں وہ سامنے کھڑا دیکھ رہا ہے اور بیحد حساس اور جذباتی ہے۔ اسے شدید اذیت پہنچے گی۔ لیکن امجد بدستور مصروف رہا۔۔

شیطان نے پوچھا۔ "خان بہادر صاحب کا کیا حال ہے ؟"

"کون سے خان بہادر صاحب کا ؟" امجد نے برا منہ بنایا۔

"کوئی سے خان بہادر صاحب کا"

"اوہ!"

ہم نے بہتیری کوشش کی کہ اس نالائق سے باتیں کریں، لیکن کچھ نہ بنا۔ اتنے میں بڈی آگیا۔ ہم نے لگاتار روتے ہوئے امجد کا تعارف لگاتار ہنستے ہوئے بڈی سے کرایا۔ اب بڑی سنجیدگی سے وجہ پوچھی گئی اور امجد نے بتایا کہ اس کی صحت روز بروز گرتی جارہی ہے بلکہ بالکل ہی گر گئی ہے۔ اس کی آنکھوں کے سامنے کبھی تارے ناچتے ہیں اور اندھیرا چھا جایا رہتا ہے۔ وہ اپنے آخری امتحان میں مدت سے فیل ہو رہا ہے۔ لگاتار فیل ہو رہا ہے۔ اگر محنت کرے اور پرچے اچھے ہو جائیں، تب بھی وہ فیل ہو جاتا ہے۔ اور اگر پرچے خراب ہو جائیں، تب بھی۔ اس کی قسمت ہمیشہ اسے دھوکہ دیتی ہے۔ وہ کسی پر عاشق بھی ہے۔ محبوب نے پہلے تو سب کچھ کہہ سن لیا اور بعد میں بڑے مزے سے اسے ڈبل کراس کر دیا۔ آج کل محبوب بالکل خاموش ہے۔ ان کے ہاں آنا جانا بھی مدت سے بند ہے۔

کیونکہ ان کے ہاں ایک بے حد بھاری بھر کم اور خونخوار کتا کہیں سے منگایا گیا ہے۔ جو امجد کو بالکل پسند نہیں کرتا۔ بلکہ اس سے خفا رہتا ہے۔ محبوب کے ہاں ایک اور صاحب کی آمد و رفت بھی شروع ہو گئی ہے جو شاید رقیب رو سیاہ بننے والے ہیں۔ محبوب کے ابا امجد کو یونہی سا بیکار لڑکا سمجھتے ہیں اور انھوں نے شادی سے انکار کر دیا ہے۔ کیونکہ امجد کچھ نہیں کماتا۔۔ شیطان اور مقصود گھوڑے کی شہزادہ ہے۔ لیکن سب سے بڑی مصیبت یہ ہے کہ اس کا کسی چیز کو دل ہی نہیں کرتا۔ بالکل جی نہیں چاہتا۔ یہاں تک کہ چائے سامنے رکھی ہے اور پینے کو جی نہیں چاہتا۔

گفتگو کے موضوع بدلتے رہے اور ہم نے امجد سے لیکر امجد تک گفتگو کی۔ شیطان بولے،۔ " بھئی تمھاری مصیبتیں تو اتنی ہیں کہ ایک GUADIAN ANGEL تمہارا کام نہیں کر سکتا۔ تمہارے لئے تو فرشتوں کا سنڈیکیٹ بیٹھے گا۔"

بڈی نے کہا،۔"تم آج سے ورزش شروع کر دو۔ ہلکی پھلکی اور مقوی غذا کھاؤ۔ علی الصبح اٹھ کر لمبے لمبے سانس لیا کرو۔ قوت ارادی پیدا کرو۔ خوب محنت کر کے امتحان پاس کر لو۔ ملازمت ضرور مل جائے گی اور سب کچھ ٹھیک ہو جائے گا۔" ادھر امجد نے اور زیادہ رونا شروع کر دیا۔ اب تو وہ باقاعدہ بھوں بھوں رو رہا تھا۔ آخر طے ہوا کہ امجد کی مدد کی جائے اور کل پھر یہیں ملاقات ہو۔

اگلے روز ہم سب وہیں ملے۔ اتفاق سے کالج کی چند لڑکیاں بھی وہاں بیٹھی تھیں۔ ایسے موقعوں پر میں ہمیشہ ظاہر کیا کرتا ہوں جیسے شیطان کے ساتھ نہیں ہوں کیونکہ ہمارے کالج کی لڑکیاں شیطان کو پسند نہیں کرتیں۔ جتنی دیر وہ ہماری دیکھتی رہیں، میں کسی اور طرف دیکھتا رہا۔ ان کے جانے پر گفتگو شروع ہوئی۔

"امجد! تم موسیقی پر فدا ہو جاؤ۔" شیطان بولے۔" یہ پیازی ساڑھی والی لڑکی بڑا

اچھا ستار بجاتی ہے۔ تمہیں کوئی ساز بجانا آتا ہے؟"

"ہاں!"

"کون سا؟"

"گراموفون۔"

"تب تم موسیقی کو پسند نہیں کروگے۔ اچھا یہ بتاؤ کہ تم آخری مرتبہ اس لڑکی سے ملے تو کیا باتیں ہوئی تھیں؟"

"میں نے اسے شادی کے لیے کہا تھا۔۔۔۔۔۔ اور یہ کہ میں کچھ بھی نہیں ہوں۔ نہ کچھ کما سکتا ہوں۔ نہ کسی قابل ہوں۔ نہ کچھ کر سکتا ہوں۔ اور نہ کچھ کر سکوں گا۔"

"پھر؟"

"پھر اس نے کچھ نہیں کہا اور آج تک خاموش ہے۔"

"تمھارے ہونے والے خسر اچھے خاصے قبر رسیدہ بزرگ ہیں۔ میں انہیں بالکل پسند نہیں کرتا۔ لیکن لڑکی بہت اچھی ہے۔ جتنے تم شکل وصورت میں بخشے ہوئے ہو، اتنی ہی وہ حسین ہے۔ تمہیں احساس کمتری ہو جائے گا بھلا کبھی تمھاری خط وکتابت بھی ہوئی تھی؟"

"ہوئی تھی!" کہہ کر امجد نے خطوط کا پلندہ میز پر رکھ دیا۔ شیطان نے جلدی سے خطوط کو سونگھا اور بولے "جلدی ہے اس لیے ساری باتیں تو کبھی فرصت میں پڑھیں گے، البتہ خطوط کو ترتیب وار رکھ کر صرف القاب پڑھ کر سناتا ہوں۔"

ترتیب وار القاب یہ تھے،۔ "۔۔۔۔جناب امجد صاحب"۔۔۔۔"امجد صاحب"۔۔۔۔۔ "امجد"۔۔۔۔۔ "پیارے امجد"۔۔۔۔۔۔ "امجد"۔۔۔۔۔ "امجد صاحب"۔۔۔۔"جناب امجد صاحب"

ادھر امجد نے پھر رونا شروع کر دیا۔ شیطان بولے "میں رات بھر سوچتا رہا ہوں کہ تمہارے لیے کیا کیا جائے۔ یہاں سے بہت دور جنگلوں میں ایک پہنچے ہوئے بزرگ رہتے ہیں۔ ان تک میری رسائی ہو سکتی ہے۔ اچھا تعویذ گنڈوں پر کس کس کا اعتقاد ہے؟"

سوائے بڈی کے ہم سب معتقد تھے۔ بڈی نے پوچھا۔ "تعویذ گنڈے کیا ہوتے ہیں؟"

"کیا امریکہ میں تعویذ وغیرہ نہیں ہوتے؟"

"نہیں تو۔"

جب بڈی کو سب بتایا گیا تو وہ بولا۔ "ہمارے ہاں Good luck کے لیے شگون ہوتے ہیں۔ مثلاً سیاہ بلی کا دیکھنا یا سڑک پر گھوڑے کی نعل مل جانا۔۔۔۔ یہ تعویذ وغیرہ نہیں ہوتے۔۔۔۔ لیکن مجھے شگونوں پر اعتقاد نہیں ہے۔ کیونکہ ایک مرتبہ میں ایک لڑکی سے شادی کرنا چاہتا تھا۔ نجومی نے مجھے بتایا کہ اگر مجھے اگلے اتوار کو غروب آفتاب سے پہلے سڑک پر گھوڑے کی نعل مل گئی، تو بہت اچھا شگون ہو گا اور غالباً اس لڑکی سے میری شادی ہو جائے گی۔ اگلے اتوار کو میں نے منہ اندھیرے اٹھ کر سڑکیں ناپنا شروع کر دیں۔ دوپہر ہوئی، سہ پہر آئی۔ گھوڑے کی نعل تو کیا گدھے کی نعل بھی نہ ملی۔ آخر میں نے دو اصطبلوں کا رک کیا۔ وہاں بھی ناکامی ہوئی۔ شام ہونے پر میں بہت گھبرایا۔ ہمارے پڑوس میں ایک گھوڑا رہتا تھا۔ میں نے چند اوزار اٹھائے، اور اپنے بھائی کو ساتھ لیا۔ اور چپکے سے اس گھوڑے کو باندھ بوندھ کر رکھ دیا گھوڑا ہرگز رضامند نہیں تھا، لیکن ہم نے زبردستی اس کی نعل اتار لی۔ باہر نکل کر جو دیکھا تو سورج غروب ہو رہا تھا اگلے روز میں نے اس لڑکی سے شادی کیلئے کہہ دیا اور اس نے کسی اور سے شادی کر لی۔ تب سے گھوڑے کی نعل سے میرا اعتقاد اٹھ گیا ہے۔ کیا لغویت ہے۔ اگر گھوڑے کی نعل اتنی ہی

مبارک چیز ہے، تو گھوڑوں کو بے حد خوش نصیب ہونا چاہئیے۔"

"لیکن تمہارا واسطہ مشرق کت عاملوں سے نہیں پڑا۔ یہاں تو ایسے ایسے عمل کیے جاتے ہیں کہ سن کر یقین نہیں آتا۔ شکلیں بدل جاتی ہیں۔ تقدیریں بدل جاتی ہیں۔ یہاں تک کہ دنیا بدل جاتی ہے۔"

"ہاں! تم نے پیروں، فقیروں اور سنیاسیوں کے متعلق نہیں پڑھا؟"

"میں نے فلموں میں دیکھا ہے کہ ہندوستاں میں بڑی بڑی پر اسرار باتیں ہوتی ہیں۔ یہاں کے فقیر کچھ پڑھ کر ایک رسے پر پھونک دیتے ہیں، رسہ سیدھا کھڑا ہو جاتا ہے اور وہ رسے پر چڑھ جاتے ہیں۔ رات کو وہ میخوں کے بستر پر سوتے ہیں۔"

"یقیناً! تم خود دیکھ لوگے۔ میں کوشش کر رہا ہوں کہ امجد کیلئے ان بزرگ سے تعویذ حاصل کروں اگرچہ یہ بہت مشکل کام ہے۔ اول تو وہ بزرگ کسی کو تعویذ دیتے ہی نہیں۔ اگر کبھی خوش ہو کر دیتے ہیں تو صرف سال میں ایک آدھ مرتبہ۔ لیکن میں اپنی ساری کوشش صرف کر دوں گا۔ ان کا تعویذ جادو سے کم اثر نہیں رکھتا ناممکن سے ناممکن باتیں ممکن ہو جاتی ہیں۔ اگر مل گیا تو امجد کی تقدیر بدل جائے گی۔ اور امجد تمہیں میری ہدایات پر عمل کرنا ہو گا۔ اب تمہارے لئے صرف دو باتیں رہ گئی ہیں یا تو میری ہدایات پر عمل کرو اور یا۔۔۔۔۔۔۔۔۔ پھر ان پر عمل کرو۔"

شیطان نے ایک لمبی چوڑی فہرست بنائی۔۔۔۔۔۔۔ امجد دو دن بھوکا رہے گا، صرف اسے بکری کا دودھ اور چھوہارے ملیں گے۔ وہ کسی سے بات نہیں کرے گا۔ دوسرے روز شام کو حجامت کرائے گا، پھر سفید لباس پہن کر عطر لگا کر رات بھر ایک وظیفہ پڑھے گا۔ اگلے روز تالاب میں کھڑا ہو کر دعا مانگے گا اور سورج کی پہلی شعاع کیساتھ اس کے بازو پر تعویذ باندھ دیا جائے گا۔۔۔ وغیرہ وغیرہ۔۔

امجد نے فقط ایک اعتراض کیا۔ وہ یہ کہ وہ سر پر استرا ہر گز نہیں پھروائے گا۔ البتہ قینچی سے حجامت کرا لے گا۔

شیطان ایک ہفتے تک غائب رہے۔ پھر یکایک تعویذ لے کر نازل ہوئے۔ پہلے تو ان بزرگ کے متعلق باتیں سنائیں کہ انہوں نے اپنی ساری عمر جنگلوں میں گزاری ہے۔ بہت کم کھاتے ہیں۔ بولتے تو بالکل بھی نہیں۔ کوئی شخص ان کے پاس تک نہیں پھٹک سکتا۔ ان کے کمالات معجزوں سے کم نہیں۔ ان سے تعویذ حاصل کرنا بالکل ناممکن ہے۔ لیکن شیطان اپنی خوش قسمتی اور محض اتفاق سے کامیاب ہوئے ہیں ہم ان کی باتوں سے بہت متاثر ہوئے۔

شیطان نے رومال کھول کر ہمیں تعویذ کی زیارت کرائی۔ تعویذ موم جامے میں لپٹا ہوا تھا اور اس سے عنبر کی ہلکی ہلکی مہک آ رہی تھی۔ میں نے اور امجد نے اسے بوسہ دیا اور آنکھوں سے لگایا۔ بڈی نے بھی ہماری تقلید کی۔،

امجد دو روز شیطان کیساتھ رہا۔ تیسرے روز اس کے داہنے بازو پر تعویذ باندھا گیا۔ شیطان ایک فاتحانہ انداز میں بولے "لو بھیا! سمجھ لو کہ آج تمہاری قسمت جاگ اٹھی۔ اب اس مقدس طاقت کے کرشمے دیکھو۔"

ہم نے چند روز بعد امجد کو دیکھا۔ بسورتے ہائے چہرے پر اب مسکراہٹ کھیل رہی تھی۔ لباس بھی پہلے سے بہتر تھا۔ آہستہ آہستہ تعویذ کی برکت سے تبدیلیاں آنی شروع ہو گئیں۔ اب ہر کام کیلئے امجد کا جی کرنے لگا۔ وہ چست ہو گیا ایسا تو وہ نہایت شوخ ٹائی لگاتا اور یا رنگین سکارف پہنتا۔ ہمیشہ اس کے کوٹ کے کاج میں ایک مسکراتا پھول اٹکا ہوتا۔

امجد کے امتحان میں ایک ہفتہ رہ گیا تھا۔ میں اور شیطان اس کے ہاں گئے اس کی دو تین من پختہ کتابوں کو دیکھا۔ شیطان کہنے لگے کہ کتابیں بہت زیادہ ہیں اور وقت بہت

تھوڑا ہے۔ میرے خیال میں کچھ ہم پڑھتے ہیں، کچھ تم پڑھو۔ باقی کتابیں بڑی پڑھے گا۔ امجد نے کہا مذاق مت کرو کوئی تدبیر بتاؤ۔

شیطان نے مشورہ دیا کہ کتابوں کے خلاصے، نوٹ اور ایسی ویسی چیزیں امتحان میں ساتھ لے جاؤاور دل کھول کر نکل کرو۔ امجد نہ مانا۔ شیطان بولے۔

ارے میاں !ایسا تعویذ بازو پر باندھا ہے کہ نقل تو نقل اگر کوئی سنگین جرم ترین جرم بھی کر آؤ تب بھی پتہ نہ چلے۔ اس کا سایہ ہمیشہ تمہارے سر پر رہے گا۔ غرضیکہ امجد کی خوب ہمت بندھائی گئی اور اس میں امتحان میں خوب نقل کی۔ لہذا پرچے نہایت اچھے ہوئے۔ نتیجہ نکلا تو امجد اول آیا۔ اب تعویذ پر ریشمی غلاف چڑھایا گیا۔ بڑی نے تعویذ کو کئی بار چوما۔ میرا جی بری طرح چاہ رہا تھا کہ ایک ایسا ہی تعویذ مجھے بھی مل جائے۔

اب سوال ملازمت کا تھا۔ ایک جگہ درخواست تو دے دی گئی، لیکن امید کسی کو بھی نہ تھی کچھ دنوں بعد بورڈ کے سامنے انٹرویو تھا۔ بورڈ کے صدر نزدیک ہی رہتے تھے۔ شیطان نے امجد کو مشورہ دیا کہ اگر تم صدر صاحب کے سامنے کئی بار جاؤ تو تعویذ کی برکت سے وہ اس قدر متاثر ہوں گے کہ فوراً منتخب کر لیں گے۔ امجد نے اگلے روز سے ان کا تعاقب شروع کر دیا۔ ان کے گھر گیا۔ انہوں نے صاف کہہ دیا کہ وہ ملازمت کے سلسلے میں کوئی گفتگو نہیں کرنا چاہتے، جو کچھ گو گا انٹرویو کے وقت سنا دیا جائے گا۔ امجد منہ لٹکائے واپس آیا۔ شیطان نے ڈانٹا کہ پھر یہ تعویذ کس واسطے باندھے پھر رہے ہو۔ پیچھا مت چھوڑو ان کا۔ اگلے روز امجد پھر ان کی کوٹھی پر جا کھڑا ہوا۔ دس بجے وہ دفتر گئے، یہ ساتھ ساتھ گیا۔ چار بجے واپس آئے، یہ ساتھ واپس آیا کلب گئے، رات کو پکچر گئے، امجد سائے کی طرح ساتھ رہا، اگلے روز شاپنگ کیلئے گئے۔ امجد بھی شاپنگ کیلئے گیا۔ وہ سٹیشن پر کسی سے ملنے۔ امجد بھی گیا۔ غرضیکہ بازار، ڈاک خانہ، کیفے، سینما، باغ، اور جہاں بھی وہ

جاتے یہ ساتھ رہتا۔ یہاں تک کہ وہ پچاس ساٹھ دور ایک جگہ گئے۔ امجد بھی پچاس ساٹھ میل دور اسی جگہ گیا۔ انہوں نے بہتیرا کہا کہ میں وعدہ کرتا ہوں کہ انٹرویو میں تمھارا خیال رکھوں گا۔ لیکن شیطان کی ہدایت کے مطابق امجد بولا کہ وعدہ نہیں ابھی لے لیجئے۔۔ انہوں نے اسے دھمکایا چمکایا بھی، لیکن اس پر کوئی اثر نہ ہوا۔ کہنے لگا میں ساری عمر اسی طرح آپ کیساتھ ساتھ رہوں گا۔ آخر وہ اس قدر تنگ آئے کہ انہوں نے امجد کو منتخب کر لیا۔ اس کامیابی پر ایک زبردست دعوت ہوئی۔ تعویذ پر اب پیتل کا خول چڑھایا گیا اور ہر وقت اسے معطر رکھا جاتا تھا۔ شیطان کی معرفت اس بزرگ کیلئے کچھ نذرانہ بھی بھیجا گیا۔

جسے انہوں نے بمشکل قبول کیا۔ میں نے مصمم ارادہ کر لیا کہ میں بھی ایک تعویذ اپنے لیے بنواؤں گا۔ مڈی نے بھی شیطان سے یہی خواہش ظاہر کی۔

اب اس لڑکی کی باری آئی۔ سب سے پہلے تو وہاں رسائی کا سوال تھا۔ ان کا نیا کتا نہایت ہی ہیبت ناک اور آدم خور قسم کا تھا۔ اسے دیکھ کر ہی امجد کی روح قفس عنصری سے پرواز کر جاتی تھی۔ بڈی نے مشورہ دیا کہ کچھ کھلا پلا دیا جائے، جس سے وہ انا اللہ ہو جائے۔ لیکن وہ کتا کچھ ایسا بورژوا ذہنیت کا واقع ہوا تھا کہ ایسی ویسی چیزوں کو سونگھتا تک نہیں تھا۔ شیطان نے تعویذ چھو کر کہا۔۔۔۔۔ جانتے بھی ہو یہ کیا چیز ہے، تمہارے بازو پر؟ یہ تعویذ ہے ہمیشہ تمھاری حفاظت کرے گا۔ خواہ تم شیروں سے دل لگی کرتے پھرو، بال تک بیکا نہ ہوگا۔ کافی لمبی بحث کے بعد امجد مانا۔ اگلے روز علی الصبح امجد نے کتے کی ایسی مرمت کی کہ طبعیت صاف کر دی۔ اسی دن سے امجد اور کتا بڑے گہرے دوست بن گئے۔ امجد کو دیکھ کر وہ نہ صرف دم ہلاتا، بلکہ باقاعدہ مزاج پرسی کر کے ساتھ ساتھ چلتا۔

وہ صاحب جو گھر آیا کرتے تھے ان کیلئے بھی یہی نسخہ پیش کیا گیا۔ لیکن بڈی نہ مانا،

بولا کہ کتے اور انسان میں کشھ تو فرق ہونا چاہئیے۔ بہتر ہو گا کہ پہلے انہیں دھمکایا چدمکایا جائے۔ وہ صاحب قد میں امجد سے دگنے تھے۔ امجد پہلے تو بہت ڈرا لیکن جب شیطان نے ڈانٹ کر کہا کہ اس طرح وہ اپنی نہیں بلکہ تعویذ کی توہین کر رہا ہے، اور سے کوئی چھو تک نہیں سکتا، تو امجد ان صاحب سے ملا اور انہیں صاف صاف بتا دیا کہ خبردار جو آئندہ سے اس گھر میں قدم رکھا۔ انھوں نے حیران ہو کر پوچھا کہ میاں تم ہو کون؟ یہ بولا کہ میں کوئی بھی ہوں، لیکن واضح رہے کہ میں نے آپ جیسے بہت سوں کو سیدھا کیا ہے۔ بس خیریت اسی میں ہے کہ آئندہ آپ اس گھر کا رخ نہ کریں۔ امجد نے کچھ اس طرح گفتگو کی کہ وہ صاحب واقعی سہم گئے۔ امجد نے چلتے وقت کہا کہ میرا ارادہ تو کچھ اور تھا۔ لیکن فی الحال صرف انتباہ کرنے پر اکتفا کرتا ہوں۔ آپ سمجھدار ہیں تو سمجھ جائیں گے۔ اس دن کے بعد وہ صاحب ایسے غائب ہوئے جیسے گدھے کے سر سے سینگھ۔

امجد لڑکی سے ملا۔ خدا جانے کیا باتیں ہوئیں، لیکن سنیچر کو ان دونوں کو میٹنی پر دیکھا گیا۔ لڑکی واقعی نہایت پیاری تھی۔ امجد اس کے سامنے بالکل حکم کا غلام معلوم ہو رہا تھا۔ لیکن خوب اکڑ اکڑ کر چل رہا تھا۔

بڈی تو اب تعویذ پر باقاعدہ ایمان لے آیا تھا۔ بولا کہ میں یہ سب کچھ لکھ کر امریکہ کے سب سے مشہور سائنس کے رسالے میں بھیجوں گا میں نے اس قدر زود اثر اور کار آمد عمل آج تک نہیں دیکھا۔ یہ کسی جادو سے کم نہیں۔ معجزے ابھی ختم نہیں ہوئے۔ مشرق واقعی نہایت پر اسرار جگہ ہے۔

تعویذ پر چاندی کا خول چڑھایا گیا۔ ہر دوسرے تیسرے ہم سب اسے چومتے اور آنکھوں سے لگاتے

اب امجد کی تمام مشکلیں حل ہو چکی تھیں، صرف اس کی شادی باقی تھی۔ لیکن یہ

مشکل سب سے کڑی تھی، کیونکہ اس کے ہونے والے خسر واقعی نہایت گرم خشک انسان تھے۔ امجد نے کئی مرتبہ پیغام بھجوایا، لیکن ہر مرتبہ پیغام واپس لوٹا دیا گیا۔

شیطان نے امجد کو یقین دلایا کہ اس تعویذ کے سامنے وہ بزرگ تو کیا ان کے فرشتے بھی سر جھکائیں گے۔ تم آج ہی ان سے ملو اور بغیر کسی تمہید کے ان سے سب کہہ ڈالو۔ امجد نے یہی کیا۔ بزرگ نے ملاقات کی وجہ پوچھی۔ امجد نے صاف صاف کہہ دیا کہ قبلہ میں آپ کا آنریری فرزند بننا چاہتا ہوں اور آُ کی دختر نیک اختر سے عقد کا خواہش مند ہوں۔ اس مرتبہ آپ ہرگز انکار نہیں کر سکتے۔ اگر آپ بحث کرنا چاہتے ہیں، تو بسمہ اللہ۔۔ پہلے آپ کو میرے شہزادے پن پر اعتراض تھا، سو اب یہ خاکسار باقاعدہ ملازم ہے۔ اگرچہ تنخواہ صرف ڈھائی سو روپے ماہوار ہے۔ لیکن اوپر کی آمدنی کافی ہے۔ مانا کہ یہ بہت زیادہ نہیں، لیکن گستاخی معاف جب آپ کی شادی ہوئی تھی تب آپ کیا کماتے تھے اور تب آپ کے خیالات کیا تھے؟ خصوصاً اپنے خسر صاحب کے متعلق۔ یقیناً آپ بالکل میری طرح ہوں گے۔ اور پھر شروع شروع میں ڈھائی سو روپے اتنی بری تنخواہ نہیں جبکہ اوپر کی آمدنی بھی شامل ہو۔ شاید آپ یہ فرمائیں گے کہ آپ اپنے رشتہ داروں سے اس سلسلے میں دریافت کرنا چاہتے ہیں۔ سو یہ بالکل غلط ہے۔ میں نے اپنے کسی رشتہ دار سے نہیں پوچھا اور پھر رشتہ دار بالکل الٹے سیدھے مشورے دیں گے۔ یہ ایک ذاتی معاملہ ہے اس میں کسی اور کا دخل نہیں ہونا چاہئیے۔ آج آپ کو ہاں کرنی ہی ہو گی۔ اس طرح امجد نے وہ داہنے اور بائیں ہاتھ دیے کہ ان بزرگ کو ہتھیار ڈالنے پڑے اور ہاں کرنی پڑی۔

اسی شام کو ایک بھاری جشن منعقد ہوا۔ تعویذ پر سونے کا خول چڑھایا گیا۔ شیطان کی معرفت ان پہنچے ہوئے بزرگ کو نذرانہ بھیجا گیا۔ میں نے اور بڑی نے شیطان کی بہت

منتیں کیں کہ کسی طرح ایک ایک تعویذ ہمارے لیے بھی لادو، تاکہ ہمارے بھی دن پھر جائیں۔ شیطان نے وعدہ کیا کہ وہ کوشش کریں گے۔ ھم تقریباً ہر روز تعویذ کو آنکھوں سے اور دل سے لگاتے۔

میں اور بڈی کیفے میں بیٹھے امجد اور مسز امجد کا انتظار کر رہے تھے۔ ہم بڑے مسرور تھے کیونکہ شام کو شیطان نے تعویذ لانے کا وعدہ کیا تھا۔ ہم دونوں دل ہی دل میں اپنے مستقبل کے متعلق پروگرام بنا رہے تھے کہ امجد اور مسز امجد پہنچے۔ آج امجد ایک ایسا دلیر اور بے پرواہ نوجوان نظر آ رہا تھا، جس کی آنکھوں میں چمک تھی، جس کے دل میں امنگیں تھیں اور جس نے ایک بہت اچھا سوٹ پہن رکھا تھا باتوں باتوں میں اس شام کا بھی ذکر ہوا جب امجد کو ہم نے اسی جگہ روتے پیٹتے دیکھا تھا۔ مسز امجد کے فراق مین۔ صرف چند مہینوں میں کیا سے کیا ہو گیا۔ صرف ایک مقدس عمل کی بدولت۔ اس تعویذ کی برکت سے جو امجد کے بازو پر بندھا ہوا تھا۔ شیطان نے بھی دوستی کا حق ادا کر دیا تھا۔ نہ جانے کن کن مصیبتوں کے بعد یہ تعویذ دستیاب ہوا ہو گا۔ اگر آج امجد کے پاس یہ تعویذ نہ ہوتا، تو غالباً وہ پھر یہیں بیٹھا سینڈوچز اور کیک کے ٹکڑوں پر آنسو بکھیر رہا ہوتا۔ اور اب ہمیں بھی ایسے تعویذ ملیں گے، ہمیں اپنے اوپر رشک آنے لگا۔ بار بار ہم دروازے کی طرف دیکھ رہے تھے، شیطان کے انتظار میں۔

بڈی نے تعویذ کی زیارت کرنا چاہی۔ امجد نے نہایت حفاظت سے تعویذ اتارا اور بڈی کی ہتھیلی پر رکھ دیا۔ بڈی نے اسے چوما، آنکھوں سے لگایا اور پوچھا۔ "بھلا تعویذوں میں کیا لکھا ہوتا ہے؟" ہم نے کہا کہ عبارت ہوتی ہے۔ بڈی سمجھ نہ سکا۔ اسے بتایا گیا کہ مقدس الفاظ ہوتے ہیں اور ایک خاص ترتیب سے لکھے جاتے ہیں۔ اس نے پوچھا کہ بھلا اس تعویذ میں کون سے الفاظ ہیں؟ ہم نے لاعلمی ظاہر کی۔ بڈی کہنے لگا کیوں نہ اسے کھول

کر دیکھیں۔

امجد بولا۔ ہرگز نہیں، اس طرح بے ادبی ہوتی ہے۔ میں نے بھی کہا کہ گناہ ہو گا۔ لیکن بڈی نہ مانا۔ بولا، مجھے بڑا اشتیاق ہے سارا گناہ میرے ذمے رہا۔ میں نہایت ادب سے کھولوں گا اور الفاظ دیکھ کر بالکل اسی طرح بند کر دوں گا، پھر تم اسے اپنے بازو پر باندھ لینا۔

میں بھی سوچنے لگا کہ بھلا دیکھیں تو سہی وہ کون سے الفاظ ہیں، جنہوں نے جادو کی طرح اثر دکھایا۔ میں نے بھی بڈی کا ساتھ دیا۔ امجد کہنے لگا کہ کھولنے سے تعویذ کی تاثیر جاتی رہے گی۔ بڈی بولا، بھئی سچ پوچھو تو اب اس تعویذ نے اپنا کام کر دیا ہے، اب تمہیں کسی مزید تاثیر کی ضرورت نہیں ہے۔ ہم نے مسز امجد سے پوچھا۔ انھوں نے اجازت دے دی۔ آخر امجد بھی مان گیا۔ اس شرط پر کہ اگر کوئی گناہ ہوا تو بڈی کے سر پر ہو گا۔

بڈی نے بڑی حفاظت سے خول کھولا اور تعویذ نکالا۔ پھر آہستہ آہستی موم جامہ کھولنے لگا۔ میری آں کھوں کے سامنے پہنچے ہوئے بزرگوں کے نورانی چہرے، فقیروں کے مزار، سبز غلاف، پھولوں کے ہار، چلتے ہوئے چراغ، مزاروں کے گنبد اور خانقاہیں پھرنے لگیں۔ جیسے عنبر اور لوبان کی خوشبو سے سب مہک اٹھا اور پاکیزہ روحیں ہمارے گرد منڈلانے لگیں۔ فرشتوں کے پروں کی پھڑپھڑاہٹ سنائی دینے لگی۔ ماحول کچھ ایسا مقدس سا ہو گیا تھا کہ میرا دل دھڑکنے لگا۔ ہونٹ خشک ہو گئے۔

بڈی نے تعویذ کھولا اور پڑھنے لگا۔ میں رہ نہ سکا۔ بڑی بے صبری سے کاغذ چھین لیا۔ کاغذ پر شیطان کی مخصوص طرزِ تحریر میں یہ مصرعہ لکھا تھا۔۔

"آیا کرو اِدھر بھی مری جاں کبھی کبھی"۔

(۳) میں ایک میاں ہوں

پطرس بخاری

میں ایک میاں ہوں۔ مطیع و فرمانبردار، اپنی بیوی روشن آراء کو اپنی زندگی کی ہر ایک بات سے آگاہ رکھنا اصول زندگی سمجھتا ہوں اور ہمیشہ اس پر کاربند رہا ہوں۔ خدا میرا انجام بخیر کرے۔

چنانچہ میری اہلیہ میرے دوستوں کی تمام عادات و خصائل سے واقف ہیں۔ جس کا نتیجہ یہ ہے کہ میرے دوست جتنے مجھ کو عزیز ہیں اتنے ہی روشن آراء کو برے لگتے ہیں۔ میرے احباب کی جن اداؤں نے مجھے محسور کر رکھا ہے انہیں میری اہلیہ ایک شریف انسان کے لیے باعث ذلت سمجھتی ہیں۔

آپ کہیں یہ نہ سمجھ لیں کہ خدانخواستہ وہ کوئی ایسے آدمی ہیں، جن کا ذکر کسی معزز مجمع نہ کیا جا سکے۔ کچھ اپنے ہنر کے طفیل اور کچھ خاکسار کی صحبت کی بدولت سب کے سب ہی سفید پوش ہیں۔ لیکن اس بات کو کیا کروں کہ ان کی دوستی میرے گھر کے امن میں اس قدر خلل انداز ہوتی ہے کہ کچھ کہہ نہیں سکتا۔

مثلاً مرزا صاحب ہی کو لیجئے، اچھے خاصے اور بھلے آدمی ہیں۔ گو محکمہ جنگلات میں ایک معقول عہدے پر ممتاز ہیں لیکن شکل و صورت ایسی پاکیزہ پائی ہے کہ امام مسجد معلوم ہوتے ہیں۔ جوا وہ نہیں کھیلتے، گلی ڈنڈے کا ان کو شوق نہیں۔ جیب کترتے ہوئے کبھی وہ نہیں پکڑے گئے۔ البتہ کبوتر پال رکھے ہیں، ان ہی سے جی بہلاتے ہیں۔ ہماری اہلیہ کی یہ

کیفیت ہے کہ محلے کا کوئی بدمعاش جوئے میں قید ہو جائے تو اس کی ماں کے پاس ماتم پرسی تک کو چلی جاتی ہیں۔ گلی ڈنڈے میں کسی کی آنکھ پھوٹ جائے تو مرہم پٹی کرتی رہتی ہیں۔ کوئی جیب کترا پکڑا جائے تو گھنٹوں آنسو بہاتی رہتی ہیں، لیکن وہ بزرگ جن کو دنیا بھر کی زبان میں مرزا صاحب کہتے تھکتی ہے وہ ہمارے گھر میں "موئے کبوتر باز" کے نام سے یاد کئے جاتے ہیں کبھی بھولے سے بھی میں آسمان کی طرف نظر اٹھا کر کسی چیل، کوئے، گدھ، شکرے کو دیکھنے لگ جاؤں تو روشن آراء کو فوراً خیال ہو جاتا ہے کہ بس اب یہ بھی کبوتر باز بننے لگا۔

اس کے بعد مرزا صاحب کی شان میں ایک قصیدہ شروع ہو جاتا ہے۔ بیچ میں میری جانب گریز۔ کبھی لمبی بحر میں، کبھی چھوٹی بحر میں۔

ایک دن جب یہ واقعہ پیش آیا، تو میں نے مصمم ارادہ کر لیا کہ اس مرزا کمبخت کو کبھی پاس نہ پھٹکنے دوں گا، آخر گھر سب سے مقدم ہے۔ بیوی کے باہمی اخلاص کے مقابلے میں دوستوں کی خوشنودی کیا چیز ہے؟ چنانچہ ہم غصے میں بھرے ہوئے مرزا صاحب کے گھر گئے، دروازہ کھٹکھٹایا۔ کہنے لگے اندر آ جاؤ۔ ہم نے کہا، نہیں آتے تم باہر آؤ۔ خیر اندر گیا۔ بدن پر تیل مل کر ایک کبوتر کی چونچ منہ میں لئے دھوپ میں بیٹھے تھے۔ کہنے لگے بیٹھ جاؤ ہم نے کہا، بیٹھیں گے نہیں، آخر بیٹھ گئے معلوم ہوتا ہے ہمارے تیور کچھ بگڑے ہوئے تھے، مرزا بولے کیوں بھئی؟ خیر باشد! میں نے کہا کچھ نہیں۔ کہنے لگے اس وقت کیسے آنا ہوا؟

اب میرے دل میں فقرے کھولنے شروع ہوئے۔ پہلے ارادہ کیا کہ ایک دم ہی سب کچھ کہہ ڈالو اور چل دو، پھر سوچا کہ مذاق سمجھے گا اس لیے کسی ڈھنگ سے بات شروع کرو۔ لیکن سمجھ میں نہ آیا کہ پہلے کیا کہیں، آخر ہم نے کہا۔

"مرزا، بھئی کبوتر بہت مہنگے ہوتے ہیں؟"

یہ سنتے ہی مرزا صاحب نے چین سے لے کر امریکہ تک کے تمام کبوتروں کو ایک ایک کر کے گنوانا شروع کیا۔ اس کے بعد دانے کی مہنگائی کے متعلق گل افشانی کرتے رہے اور پھر محض مہنگائی پر تقریر کرنے لگے۔ اس دن تو ہم یوں ہی چلے آئے لیکن ابھی کھٹ پٹ کا ارادہ دل میں باقی تھا۔ خدا کا کرنا کیا ہوا کہ شام کو گھر میں ہماری صلح ہو گئی۔ ہم نے کہا، چلو اب مرزا کے ساتھ بگاڑنے سے کیا حاصل؟ چنانچہ دوسرے دن مرزا سے بھی صلح صفائی ہو گئی۔

لیکن میری زندگی تلخ کرنے کے لیے ایک نہ ایک دوست ہمیشہ کارآمد ہوتا ہے۔ ایسا معلوم ہوتا ہے کہ فطرت نے میری طبیعت میں قبولیت اور صلاحیت کوٹ کوٹ کر بھر دی ہے کیونکہ ہماری اہلیہ کو ہم میں ہر وقت کسی نہ کسی دوست کی عادات قبیحہ کی جھلک نظر آتی رہتی ہے یہاں تک کہ میری اپنی ذاتی شخصی سیرت بالکل ہی ناپید ہو چکی ہے۔

شادی سے پہلے ہم کبھی کبھی دس بجے اٹھا کرتے تھے ورنہ گیارہ بجے۔ اب کتنے بجے اٹھتے ہیں؟ اس کا اندازہ وہی لوگ لگا سکتے ہیں جن کے گھر ناشتہ زبردستی صبح کے سات بجے کرا دیا جاتا ہے اور اگر ہم کبھی بشری کمزوری کے تقاضے سے مرغوں کی طرح تڑکے اُٹھنے میں کوتاہی کریں تو فوراً ہی کہہ دیا جاتا کہ ہے کہ یہ اس نکھٹو نسیم کی صحبت کا نتیجہ ہے۔

ایک دن صبح صبح ہم نہا رہے تھے، سردی کا موسم ہاتھ پاؤں کانپ رہے تھے، صابن سر پر ملتے تھے تو ناک میں گھستا تھا کہ اتنے میں ہم نے خدا جانے کس پراسرار جذبے کے ماتحت غسل خانے میں الاپنا شروع کیا۔ اور پھر گانے لگے کہ "توری چھل بل ہے نیاری۔۔۔" اس کو ہماری انتہائی بد مذاقی سمجھا گیا، اور اس بد مذاقی کا اصل منبع ہمارے دوست پنڈت جی کو ٹھہرایا گیا۔

لیکن حال ہی میں مجھ پر ایک ایسا سانحہ گزرا ہے کہ میں نے تمام دوستوں کو ترک کر دینے کی قسم کھالی ہے۔

تین چار دن کا ذکر ہے کہ صبح کے وقت روشن آراء نے مجھ سے میکے جانے کے لیے اجازت مانگی۔ جب سے ہماری شادی ہوئی ہے، روشن آراء صرف دو دفعہ میکے گئی ہے اور پھر اس نے کچھ اس سادگی اور عجز سے کہا کہ میں انکار نہ کر سکا۔ کہنے لگی تو پھر میں ڈیڑھ بجے کی گاڑی میں چلی جاؤں؟ میں نے کہا اور کیا؟

وہ جھٹ تیاری میں مشغول ہو گئی اور میرے دماغ میں آزادی کے خیالات نے چکر لگانے شروع کئے۔ یعنی اب بے شک دوست آئیں، بے شک اودھم مچائیں، میں بے شک گاؤں، بے شک جب چاہوں اُٹھوں، بے شک تھیٹر جاؤں، میں نے کہا۔

"روشن آراء جلدی کرو، نہیں تو گاڑی چھوٹ جائے گی۔" ساتھ اسٹیشن پر پر گیا۔ جب گاڑی میں سوار کرا چکا تو کہنے لگی "خط روز لکھتے رہئے!" میں نے کہا" ہر روز اور تم بھی!"

"کھانا وقت پہ کھا لیا کیجئے اور وہاں دھلی ہوئی جرابیں اور رومال الماری کے نچلے خانے میں پڑے ہیں"۔ اس کے بعد ہم دونوں خاموش ہو گئے۔ اور ایک دوسرے کے چہرے کو دیکھتے رہے۔ اس کی آنکھو میں آنسو بھر آئے، میرا دل بھی بیتاب ہونے لگا اور جب گاڑی روانہ ہوئی تو میں دیر تک مبہوت پلیٹ فارم پر کھڑا رہا۔

آخر آہستہ آہستہ قدم اٹھاتا ہوا کتابوں کی دکان تک آیا اور رسالوں کے ورق پلٹ پلٹ کر تصویریں دیکھتا رہا۔ ایک اخبار خریدا، تہہ کر کے جیب ڈالا اور عادت کے مطابق گھر کا ارادہ کیا۔

پھر خیال آیا کہ اب گھر جانا ضروری نہیں رہا۔ اب جہاں چاہوں جاؤں، چاہوں تو

گھنٹوں اسٹیشن پر ہی ٹہلتا رہوں، دل چاہتا تھا قلابازیاں کھاؤں۔

کہتے ہیں، جب افریقہ کے وحشیوں کو کسی تہذیب یافتہ ملک میں کچھ عرصہ رکھا جاتا ہے تو گو وہ وہاں کی شان و شوکت سے بہت متاثر ہوتے ہیں۔ لیکن جب واپس جنگلوں میں پہنچتے ہیں تو خوشی کے مارے چیخیں مارتے ہیں۔ کچھ ایسی ہی کیفیت میرے دل کی بھی ہو رہی تھی۔ بھاگتا ہوا اسٹیشن سے آزادانہ باہر نکلا، آزادی کے لہجہ میں تانگے والے کو بلایا اور کود کر تانگے میں سوار ہو گیا۔ سگریٹ سلگا لیا، ٹانگیں سیٹ پر پھیلا دیں اور کلب کو روانہ ہو گیا۔

رستے میں ایک بہت ضروری کام یاد آیا، تانگہ موڑ کر گھر کی طرف پلٹا، باہر ہی سے نوکر کو آواز دی۔

"امجد"

"حضور!"

"دیکھو، حجام کو جا کے کہہ دو کہ کل گیارہ بجے آئے۔"

"بہت اچھا۔"

"گیارہ بجے سن لیا نا؟ کہیں روز کی طرح پھر چھ بجے وارد نہ ہو جائے۔"

"بہت اچھا حضور۔"

"اور اگر گیارہ بجے سے پہلے آئے، تو دھکے دے کر باہر نکال دو۔"

یہاں سے کلب پہنچے، آج تک کبھی دن کے دو بجے کلب نہ گیا تھا، اندر داخل ہوا تو سنسان۔ آدمی کا نام و نشان تک نہیں سب کمرے دیکھ ڈالیے۔ بلیرڈ کا کمرہ خالی، شطرنج کا کمرہ خالی۔ تاش کا کمرہ خالی، صرف کھانے کے کمرے میں ایک ملازم چھریاں تیز کر رہا تھا۔ اس سے پوچھا "کیوں بے آج کوئی نہیں آیا؟"

کہنے لگا" حضور آپ جانتے ہیں، اس وقت بھلا کون آتا ہے؟"

بہت مایوس ہوا باہر نکل کر سوچنے لگا کہ اب کیا کروں؟ اور کچھ نہ سوجھا تو وہاں سے مرزا صاحب کے گھر پہنچا معلوم ہوا ابھی دفتر سے واپس نہیں آئے، دفتر پہنچا دیکھ کر بہت حیران ہوئے، میں نے سب حال بیان کیا کہنے لگے۔ "تم باہر کے کمرے میں ٹھہرو، تھوڑا سا کام رہ گیا ہے، بس ابھی بھگتا کے تمہارے ساتھ چلتا ہوں، شام کا پروگرام کیا ہے؟"

میں نے کہا۔ "تھیٹر!"

کہنے لگے۔ "بس بہت ٹھیک ہے، تم باہر بیٹھو میں ابھی آیا۔"

باہر کے کمرے میں ایک چھوٹی سی کرسی پڑی تھی، اس پر بیٹھ کر انتظار کرنے لگا اور جیب سے اخبار نکال پڑھنا شروع کر دیا۔ شروع سے آخر تک سب پڑھ ڈالا اور ابھی چار بجنے میں ایک گھنٹہ باقی تھا، پھر سے پڑھنا شروع کر دیا۔ سب اشتہار پڑھ ڈالے اور پھر سب اشتہاروں کو دوبارہ پڑھ ڈالا۔

آخر کار اخبار پھینک کر بغیر کسی تکلف یا لحاظ کے جمائیاں لینے لگا۔ جمائی پہ جمائی۔ جمائی پہ جمائی۔ حتیٰ کہ جبڑوں میں درد ہونے لگا۔

اس کے بعد ٹانگیں ہلانا شروع کیا لیکن اس سے بھی تھک گیا۔

پھر میز پر طبلے کی گتیں بجاتا رہا۔

بہت تنگ آ گیا تو دروازہ کھول کر مرزا سے کہا۔ "ابے یار اب چلتا بھی ہے کہ مجھے انتظار ہی میں مار ڈالے گا، مردود کہیں کا، سارا دن میرا ضائع کر دیا۔"

وہاں سے اُٹھ کر مرزا کے گھر گئے۔ شام بڑے لطف میں کٹی۔ کھانا کلب میں کھایا۔ اور وہاں سے دوستوں کو ساتھ لیے تھیٹر گئے، رات کے ڈھائی بجے گھر لوٹے، تکئے پر سر رکھا ہی تھا، کہ نیند نے بے ہوش کر دیا۔ صبح آنکھ کھلی تو کمرے میں دھوپ لہریں مار رہی

تھی۔ گھڑی کو دیکھا تو پونے گیارہ بجے تھے۔ ہاتھ بڑھا کر میز پر سے ایک سگریٹ اٹھایا اور سلگا کر طشتری میں رکھ دیا اور پھر اونگھنے لگا۔

گیارہ بجے امجد کمرے میں داخل ہوا کہنے لگا" حضور حجام آیا ہے۔"

ہم نے کہا۔ "یہیں بلا لاؤ"۔ یہ عیش مدت بعد نصیب ہوا، کہ بستر میں لیٹے لیٹے حجامت بنوا لیں، اطمینان سے اٹھے اور نہا دھو کر باہر جانے کے لیے تیار ہوئے لیکن طبیعت میں وہ شگفتگی نہ تھی، جس کی امید لگائے بیٹھے تھے، چلتے وقت الماری سے رومال نکالا تو خدا جانے کیا خیال۔ دل میں آیا، وہیں کرسی پر بیٹھ گیا۔ اور سودائیوں کی طرح اس رومال کو دیکھتا رہا۔ الماری کا ایک اور خانہ کھولا تو سردئی رنگ کا ایک ریشمی دوپٹہ نظر آیا۔ باہر نکالا، ہلکی ہلکی عطر کی خوشبو آرہی تھی۔ بہت دیر تک اس پر ہاتھ پھیر تا رہا دل بھر آیا، گھر سونا معلوم ہونے لگا۔ بہتر اپنے آپ کو سنبھالا لیکن آنسو ٹپک ہی پڑے۔ آنسوؤں کا گرنا تھا کہ بیتاب ہو گیا۔ اور سچ مچ رونے لگا۔ سب جوڑے باری باری نکال کر دیکھے لیکن نہ معلوم کیا کیا یاد آیا کہ اور بھی بے قرار ہوتا گیا۔

آخر نہ رہا گیا، باہر نکلا اور سیدھا تار گھر پہنچا۔ وہاں سے تار دیا کہ میں بہت اداس ہوں تم فوراً آ جاؤ!

تار دینے کے بعد دل کو کچھ اطمینان ہوا، یقین تھا کہ روشن آراء اب جس قدر جلد ہو سکے گا، آ جائے گی۔ اس سے کچھ ڈھارس بندھ گئی اور دل پر سے جیسے ایک بوجھ ہٹ گیا۔

دوسرے دن دوپہر کو مرزا کے مکان پر تاش کا معرکہ گرم ہونا تھا۔ وہاں پہنچے تو معلوم ہوا کہ مرزا کے والد سے کچھ لوگ ملنے آئے ہیں اس لیے تجویز یہ ٹھہری کہ یہاں سے کسی اور جگہ سرک چلو۔ ہمارا مکان تو خالی تھا ہی، سب یار لوگ وہیں جمع ہوئے۔ امجد سے کہہ دیا گیا کہ حقے میں اگر ذرا بھی خلل واقع ہوا تو تمہاری خیر نہیں۔ اور پان اس طرح

سے متواتر پہنچے رہیں کہ بس تانتالگ جائے۔

اب اس کے بعد کے واقعات کو کچھ مرد ہی اچھی طرح سمجھ سکتے ہیں۔ شروع شروع میں تو تاش باقاعدہ اور باضابطہ ہوتا رہا۔ جو کھیل بھی کھیلا گیا بہت معقول طریقے سے قواعد وضوابط کے مطابق اور متانت وسنجیدگی کے ساتھ۔ لیکن ایک دو گھنٹے کے بعد کچھ خوش طبعی شروع ہوئی، یار لوگوں نے ایک دوسرے کے پتے دیکھنے شروع کر دئے۔ یہ حالت تھی کہ آنکھ بچی نہیں اور ایک آدھ کام کا پتہ اُڑا نہیں اور ساتھ ہی قہقہے پر قہقہے اُڑنے لگے۔ تین گھنٹے کے بعد یہ حالت تھی کہ کوئی گھٹنا ہلا ہلا کر گا رہا ہے کوئی فرش پر بازو ٹیکے بجا رہا ہے۔ کوئی تھیٹر کا ایک آدھ مذاقیہ فقرہ لاکھوں دفعہ دہرا رہا ہے۔ لیکن تاش برابر ہو رہا ہے۔ تھوڑی دیر کے بعد دھول دھپا شروع ہوا، ان خوش فعلیوں کے دوران میں ایک مسخرے نے ایک ایسا کھیل تجویز کر دیا۔ جس کے آخر میں ایک آدمی بادشاہ بن جاتا ہے۔ دوسرا وزیر، تیسرا کوتوال اور جو سب سے ہار جاتا ہے۔ وہ چور۔ سب نے کہا "واہ واہ کیا بات کہی ہے"۔ ایک بولا۔ "پھر آج جو چور بنا، اس کی شامت آ جائے گی"۔ دوسرے نے کہا۔ "اور نہیں تو کیا بھلا کوئی ایسا ویسا کھیل ہے۔ سلطنتوں کے معاملے ہیں سلطنتوں کے!"

کھیل شروع ہوا۔ بد قسمتی سے ہم چور بن گئے۔ طرح طرح کی سزائیں تجویز ہونے لگیں۔ کوئی کہے، "ننگے پاؤں بھاگتے ہوئے جائیے اور حلوائی کی دکان سے مٹھائی خرید کر لائیے"۔ کوئی کہے، "نہیں حضور، سب کے پاؤں پڑئے، اور ہر ایک سے دو دو چانٹے کھائیے۔" دوسرے نے کہا "نہیں صاحب ایک پاؤں پر کھڑا ہو کر ہمارے سامنے ناچیے۔" آخر میں بادشاہ سلامت بولے۔ "ہم حکم دیتے ہیں کہ چور کو کاغذ کی ایک لمبوتری نوک دار ٹوپی پہنائی جائے اور اس کے چہرے پر سیاہی مل دی جائے۔ اور یہ اس حالت

میں جا کر اندر سے حقے کی چلم بھر کر لائے۔" سب نے کہا۔ "کیا دماغ پایا ہے حضور نے۔ کیا سزا تجویز کی ہے! واہ واہ!"

ہم بھی مزے میں آئے ہوئے تھے، ہم نے کہا "تو ہوا کیا؟ آج ہم ہیں کل کسی اور کی باری آ جائے گی۔" نہایت خندہ پیشانی سے اپنے چہرے کو پیش کیا۔ ہنس ہنس کر وہ بیہودہ سی ٹوپی پہنی، ایک شان استغنا کے ساتھ چلم اٹھائی اور زنانے کا دروازہ کھول کر باورچی خانے کو چل دئے اور ہمارے پیچھے کمرہ قہقہوں سے گونج رہا تھا۔

صحن پر پہنچے ہی تھے کہ باہر کا دروازہ کھلا اور ایک برقعہ پوش خاتون اندر داخل ہوئی، منہ سے برقعہ الٹا تو روشن آراء!

دم خشک ہو گیا، بدن پر ایک لرزہ سا طاری ہو گیا، زبان بند ہو گئی، سامنے وہ روشن آراء جس کو میں نے تار دے کر بلایا تھا کہ تم فوراً آ جاؤ میں بہت اداس ہوں اور اپنی یہ حالت کو منہ پر سیاہی ملی ہے، سر پر وہ لمبوتری سی کاغذ کی ٹوپی پہن رکھی ہے اور ہاتھ میں چلم اٹھائے کھڑے ہیں، اور مردانے سے قہقہوں کا شور برابر آ رہا ہے۔

روح منجمد ہو گئی اور تمام حواس نے جواب دے دیا۔ روشن آراء کچھ دیر تک چپکی کھڑی دیکھتی رہی اور پھر کہنے لگی۔۔۔ لیکن میں کیا بتاؤں کہ کیا کہنے لگی؟ اس کی آواز تو میرے کانوں تک جیسے بیہوشی کے عالم میں پہنچ رہی تھی۔

اب تک آپ اتنا تو جان گئے ہوں گے، کہ میں بذات خود از حد شریف واقع ہوا ہوں، جہاں تک میں، میں ہوں مجھ سے بہتر میاں دنیا پیدا نہیں کر سکتی، میری سسرال میں سب کی یہی رائے ہے۔ اور میرا اپنا ایمان بھی یہی ہے لیکن ان دوستوں نے مجھے رسوا کر دیا ہے۔ اس لیے میں نے مصمم ارادہ کر لیا ہے کہ اب یا گھر میں رہوں گا یا کام پر جایا کروں گا۔ نہ کسی سے ملوں گا اور نہ کسی کو اپنے گھر آنے دوں گا سوائے ڈاکیے یا حجام کے۔

اور ان سے بھی نہایت مختصر باتیں کروں گا۔

"خط ہے؟"

"جی ہاں"

"دے جاؤ، چلے جاؤ۔"

"ناخن تراش دو۔"

"بھاگ جاؤ۔"

بس، اس سے زیادہ کلام نہ کروں گا، آپ دیکھئے تو سہی!

(۴) مرحوم کی یاد میں

پطرس بخاری

ایک دن مرزا صاحب اور میں برآمدے میں ساتھ ساتھ کرسیاں ڈالے چپ چاپ بیٹھے تھے۔ جب دوستی بہت پرانی ہو جائے تو گفتگو کی چنداں ضرورت باقی نہیں رہتی۔ اور دوست ایک دوسرے کی خاموشی سے لطف اندوز ہو سکتے ہیں۔ یہی حالت ہماری تھی۔ ہم دونوں اپنے اپنے خیالات میں غرق تھے۔ مرزا صاحب تو خدا جانے کیا سوچ رہے تھے۔ لیکن میں زمانے کی ناسازگاری پر غور کر رہا تھا۔ دور سڑک پر تھوڑے تھوڑے وقفے کے بعد ایک موٹر کار گزر جاتی تھی۔ میری طبیعت کچھ ایسی واقع ہوئی ہے کہ میں جب کبھی کسی موٹر کار کو دیکھوں، مجھے زمانے کی ناسازگاری کا خیال ضرور ستانے لگتا ہے۔ اور میں کوئی ایسی ترکیب سوچنے لگتا ہوں جس سے دنیا کی تمام دولت سب انسانوں میں برابر برابر تقسیم کی جا سکے۔ اگر میں سڑک پر پیدل جا رہا ہوں اور کوئی موٹر اس ادا سے سے گزر جائے کہ گرد و غبار میرے پھیپھڑوں، میرے دماغ، میرے معدے اور میری تلّی تک پہنچ جائے تو اس دن میں گھر آکر علم کیمیا کی وہ کتاب نکل لیتا ہوں جو میں نے ایف۔ اے میں پڑھی تھی۔ اور اس غرض سے اُس کا مطالعہ کرنے لگتا ہوں کہ شاید بم بنانے کا کوئی نسخہ ہاتھ آ جائے۔

میں کچھ دیر تک آہیں بھرتا رہا۔ مرزا صاحب نے کچھ توجہ نہ کی۔ آخر میں نے خاموشی کو توڑا اور مرزا صاحب سے مخاطب ہو کر کہا۔

"مرزا صاحب۔ ہم میں اور حیوانوں میں کیا فرق ہے؟"

مرزا صاحب بولے۔ "بھئی کچھ ہو گا ہی نا آخر۔"

میں نے کہا۔ "میں بتاؤں تمہیں؟"

کہنے لگے۔ "بولو"۔

میں نے کہا۔ "کوئی فرق نہیں۔ سنتے ہو مرزا؟ کوئی فرق نہیں۔ ہم میں اور حیوانوں میں۔۔۔ کم از کم مجھ میں اور حیوانوں میں کوئی فرق نہیں! ہاں ہاں میں جانتا ہوں تم مین میخ نکالنے میں بڑے طاق ہو۔ کہہ دو گے۔ حیوان جگالی کرتے ہیں، تم جگالی نہیں کرتے۔ ان کے دم ہوتی ہے۔ تمہاری دم نہیں۔ لیکن ان باتوں سے کیا ہوتا ہے؟ ان سے تو صرف یہی ثابت ہوتا ہے کہ وہ مجھ سے افضل ہیں لیکن ایک بات میں، میں اور وہ بالکل برابر ہیں۔ وہ بھی پیدل چلتے ہیں اور میں بھی پیدل چلتا ہوں۔ اس کا تمہارے پاس کیا جواب ہے؟ جواب نہیں۔ کچھ ہے تو کہو۔ بس چپ ہو جاؤ۔ تم کچھ نہیں کر سکے۔ جب سے میں پیدا ہوا ہوں اور اس دن سے پیدل چل رہا ہوں۔

پیدل۔۔ تم پیدل کے معنی نہیں جانتے۔ پیدل کے معنی ہیں سینۂ زمین پر اس طرح سے حرکت کرنا کہ دونوں پاؤں میں ایک ضرور زمین پر رہے۔ یعنی تمام عمر میرے حرکت کرنے کا طریقہ یہی رہا ہے کہ ایک پاؤں زمین پر رکھتا ہوں اور دوسرا اٹھاتا ہوں۔ دوسرا رکھتا ہوں پہلا اٹھاتا ہوں۔ ایک آگے ایک پیچھے، ایک پیچھے ایک آگے۔ خدا کی قسم اس طرح زندگی سے دماغ سوچنے کے قابل نہیں رہتا۔ حواس بیکار ہو جاتے ہیں۔ تخیل مر جاتا ہے۔ آدمی گدھے سے بدتر ہو جاتا ہے۔"

مرزا صاحب میری اس تقریر کے دوران میں کچھ اس بے پروائی سے سگریٹ پیتے رہے کہ دوستوں کی بے وفائی پر رونے کو دل چاہتا تھا۔ میں نے از حد حقارت اور نفرت

کے ساتھ منہ ان کی طرف پھیر لیا۔ ایسا معلوم ہوتا تھا کہ مرزا کو میری باتوں پر یقین ہی نہیں آتا۔ گویا میں اپنی جو تکالیف بیان کر رہا ہوں وہ محض خیالی ہیں یعنی میرا پیدل چلنے کے خلاف شکایت کرنا قابل توجہ ہی نہیں۔ یعنی میں کسی سواری کا مستحق ہی نہیں۔ میں نے دل میں کہا۔ "اچھا مرزا یوں ہی سہی۔ دیکھو تو میں کیا کرتا ہوں۔"

میں نے اپنے دانت پچی کر لیے اور کرسی کے بازو پر سے جھک کر مرزا کے قریب پہنچ گیا۔ مرزا نے بھی سر میری طرف موڑا۔ میں مسکرا دیا لیکن میرے تبسم کا میں زہر ملا ہوا تھا۔

جب مرزا سننے کے لیے بالکل تیار ہو گیا تو میں نے چبا چبا کر کہا۔

"مرزا میں ایک موٹر کار خریدنے لگا ہوں۔"

یہ کہہ کر میں بڑے استغنا کے ساتھ دوسری طرف دیکھنے لگا۔

مرزا پھر بولے۔ "کیا کہا تم نے؟ کیا خریدنے لگے ہو؟"

میں نے کہا۔ "سنا نہیں تم نے۔ ایک موٹر کار خریدنے لگا ہوں۔ موٹر کار ایک ایسی گاڑی ہے جس کو بعض لوگ موٹر کہتے ہیں، بعض لوگ کار کہتے ہیں لیکن چونکہ تم ذرا کند ذہن ہو، اس لیے میں نے دونوں لفظ استعمال کر دئے۔ تاکہ تمہیں سمجھنے میں کوئی دقت پیش نہ آئے"۔

مرزا بولے۔ "ہوں"۔

اب کے مرزا نہیں میں بے پروائی سے سگریٹ پینے لگا۔ بھویں میں نے اوپر کو چڑھا لیں۔ پھر سگریٹ والا ہاتھ منہ تک اس انداز سے لاتا اور لے جاتا تھا کہ بڑے بڑے ایکٹر اس پر رشک کریں۔

تھوڑی دیر کے بعد مرزا بولے۔ "ہوں"۔

میں سوچا اثر ہو رہا ہے۔ مرزا صاحب پر رعب پڑ رہا ہے۔ میں چاہتا تھا، مرزا کچھ بولے۔ تاکہ مجھے معلوم ہو، کہاں تک مرعوب ہوا ہے لیکن مرزا نے پھر کہا۔ "ہوں"۔

میں نے کہا۔ "مرزا جہاں تک مجھے معلوم ہے تم نے اسکول اور کالج اور گھر پر دو تین زبانیں سیکھی ہیں۔ اور اس کے علاوہ تمہیں کئی ایسے الفاظ بھی آتے ہیں جو کسی اسکول یا کالج یا شریف گھرانے میں نہیں بولے جاتے۔ پھر بھی اس وقت تمہارا کلام "ہوں" سے آگے نہیں بڑھتا۔ تم جلتے ہو۔ مرزا اس وقت تمہاری جو ذہنی کیفیت ہے، اس کو عربی زبان میں حسد کہتے ہیں۔"

مرزا صاحب کہنے لگے۔ "نہیں یہ بات تو نہیں، میں تو صرف خریدنے کے لفظ پر غور کر رہا تھا۔ تم نے کہا میں ایک موٹر کار خریدنے لگا ہوں تو میاں صاحبزادے خریدنا تو ایک ایسا فعل ہے کہ اس کے لیے روپے وغیرہ کی ضرورت ہوتی ہے۔ وغیرہ کا بندوبست تو بخوبی ہو جائے گا۔ لیکن روپے کا بندوبست کیسے کرو گے؟"

یہ نکتہ مجھے بھی نہ سوجھا تھا لیکن میں نے ہمت نہ ہاری۔ میں نے کہا۔ "میں اپنی کئی قیمتی اشیاء بیچ سکتا ہوں۔"

مرزا بولے۔ "کون کون سی مثلاً؟"

میں نے کہا۔ "ایک تو میں سگریٹ کیس بیچ ڈالوں گا۔"

مرزا کہنے لگے۔ "چلو دس آنے تو یہ ہو گئے، باقی ڈھائی تین ہزار کا انتظام بھی طرح ہو جائے تو سب کام ٹھیک ہو جائے گا۔"

اس کے بعد ضروری یہی معلوم ہوا کہ گفتگو کا سلسلہ کچھ دیر کے لیے روک دیا جائے۔ چنانچہ میں مرزا سے بیزار ہو کر خاموش ہو رہا۔ یہ بات سمجھ میں نہ آئی کہ لوگ روپیہ کہاں سے لاتے ہیں۔ بہت سوچا۔ آخر اس نتیجے پر پہنچا کہ لوگ چوری کرتے ہیں۔

اس سے ایک گونہ اطمینان ہوا۔

مرزا بولے۔ "میں تمہیں ایک ترکیب بتاؤں ایک بائسیکل لے لو۔"

میں نے کہا۔ وہ روپیہ کا مسئلہ تو پھر بھی جوں کا توں رہا۔"

کہنے لگے۔ "مفت"۔

میں نے حیران ہو کر پوچھا۔ "مفت وہ کیسے؟"

کہنے لگے۔ "مفت ہی سمجھو۔ آخر دوست سے قیمت لینا بھی کہاں کی شرافت ہے۔ البتہ تم احسان قبول کرنا گوارا نہ کرو تو اور بات ہے۔"

ایسے موقع پر جو ہنسی میں ہنستا ہوں، اس میں معصوم بچے کی مسرت، جوانی کی خوش دلی، ابلتے ہوئے فواروں کی موسیقی، بلبلوں کا نغمہ سب ایک دوسرے کے ساتھ ملے ہوتے ہیں۔ چنانچہ میں یہ ہنسی ہنسا۔ اور اس طرح ہنسا کہ کھلی ہوئی باچھیں پھر گھنٹوں تک اپنی اصلی جگہ پر واپس نہ آئیں۔ جب مجھے یقین ہو گیا کہ یک لخت کوئی خوشخبری سننے سے دل کی حرکت بند ہو جانے کا جو خطرہ ہوتا ہے اس سے محفوظ ہوں، تو میں نے پوچھا۔ "کس کی؟"

مرزا بولے۔ "میرے پاس ایک بائیسکل پڑی ہے تم لے لو۔"

میں نے کہا۔ "پھر کہنا پھر کہنا!"

کہنے لگے۔ بھئی ایک بائیسکل میرے پاس ہے جب میری ہے، تو تمہاری ہے، تم لے لو۔"

یقین مانئے مجھ پر گھڑوں پانی پڑ گیا۔ شرم کے مارے میں پسینہ پسینہ ہو گیا۔ چودھویں صدی میں ایسی بے غرضی اور ایثار بھلا کہاں دیکھنے میں آتا ہے۔ میں نے کرسی سرکا کر مرزا کے پاس کر لی، سمجھ میں نہ آیا کہ اپنی ندامت اور ممنونیت کا اظہار کن الفاظ

میں کروں۔

میں نے کہا۔ "مرزا صاحب سب سے پہلے تو میں اس گستاخی اور درشتی اور بے ادبی کے لیے معافی مانگتا ہوں، جو ابھی میں نے تمہارے ساتھ گفتگو میں روا رکھی، دوسرے میں آج تمہارے سامنے ایک اعتراف کرنا چاہتا ہوں اور امید کرتا ہوں کہ تم میری صاف گوئی کی داد دو گے اور مجھے اپنی رحم دلی کے صدقے معاف کر دو گے۔ میں ہمیشہ تم کو از حد کمینہ، ممسک، خود غرض اور عیار انسان سمجھتا رہا ہوں۔ دیکھو ناراض مت ہو۔ انسان سے غلطی ہو ہی جاتی ہے۔ لیکن آج تم نے اپنی شرافت اور دوست پروری کا ثبوت دیا ہے اور مجھ پر ثابت کر دیا ہے کہ میں کتنا قابل نفرت، تنگ خیال اور حقیر شخص ہوں، مجھے معاف کر دو۔"

میری آنکھوں میں آنسو بھر آئے۔ قریب تھا کہ میں مرزا کے ہاتھ بوسہ دیتا اور اپنے آنسوؤں کو چھپانے کے لیے اس کی گود میں سر رکھا دیتا، لیکن مرزا صاحب کہنے لگے۔

"واہ اس میں میری فیاضی کیا ہوتی، میرے پاس ایک بائیسکل ہے، جیسے میں سوار ہوا، ویسے تم سوار ہوئے۔"

میں نے کہا۔ "مرزا، مفت میں نہ لوں گا، یہ ہرگز نہیں ہو سکتا۔"

مرزا کہنے لگے۔ "بس میں اسی بات سے ڈرتا تھا، تم حساس اتنے ہو کہ کسی کا احسان لینا گوارا نہیں کرتے حالانکہ خدا گواہ ہے، احسان اس میں کوئی نہیں۔"

میں نے کہا۔ "خیر کچھ بھی سہی، تم سچ مچ مجھے اس کی قیمت بتا دو۔"

مرزا بولے۔ "قیمت کا ذکر کر کے تم گویا مجھے کانٹوں میں گھسیٹتے ہو اور جس قیمت پر میں نے خریدی تھی، وہ تو بہت زیادہ تھی اور اب تو وہ اتنے کی رہی بھی نہیں۔"

میں نے پوچھا۔ "تم نے کتنے میں خریدی تھی؟"

کہنے لگے، "میں نے پونے دو سو روپے میں لی تھی، لیکن اُس زمانے میں بائیسکلوں کا رواج ذرا کم تھا، اس لیے قیمتیں ذرا زیادہ تھیں۔"

میں نے کہا۔ "کیا بہت پرانی ہے؟"

بولے۔ "نہیں ایسی پرانی بھی کیا ہوتی، میرا لڑکا اس پر کالج آیا جایا کرتا تھا، اور اسے کالج چھوڑے ابھی دو سال بھی نہیں ہوئے، لیکن اتنا ضرور ہے کہ آج کل کی بائیسکلوں سے ذرا مختلف ہے، آج کل تو بائیسکلیں ٹین کی بنتی ہے۔ جنہیں کالج کے سر پھرے لونڈے سستی سمجھ کر خرید لیتے ہیں۔ پرانی بائیسکلوں کے ڈھانچے مضبوط ہوا کرتے تھے۔"

"مگر مرزا پونے دو سو روپے تو میں ہرگز نہیں دے سکتا، اتنے روپے میرے پاس کہاں سے آئے، میں تو اس سے آدھی قیمت بھی نہیں دے سکتا۔"

مرزا کہنے لگے۔ "تو میں تم سے پوری قیمت تھوڑی مانگتا ہوں، اول تو قیمت لینا نہیں چاہتا لیکن۔۔۔"

میں نے کہا۔ "نہ مرزا قیمت تو تمہیں لینی پڑے گی۔ اچھا تم یوں کرو میں تمہاری جیب میں کچھ روپے ڈال دیتا ہوں تم گھر جا کے گن لینا، اگر تمہیں منظور ہوئے تو کل بائیسکل بھیج دینا ورنہ روپے واپس کر دینا، اب یہاں بیٹھ کر میں تم سے سودا چکاؤں، یہ تو کچھ دکان داروں کی سی بات معلوم ہوتی ہے۔"

مرزا بولے۔ "بھئی جیسے تمہاری مرضی، میں تو اب بھی یہی کہتا ہوں کہ قیمت ویمت جانے دو لیکن میں جانتا ہوں کہ تم نہ مانو گے۔"

میں اٹھ کر اندر کمرے میں آیا، میں نے سوچا استعمال شدہ چیز کی لوگ عام طور پر

آدھی قیمت دیتے ہیں لیکن جب میں نے مرزا سے کہا تھا کہ مرزا میں تو آدھی قیمت بھی نہیں دے سکتا تو مرزا اس پر معترض نہ ہوا تھا، وہ بیچارہ تو بلکہ یہی کہتا تھا کہ تم مفت ہی لے لو، لیکن مفت میں کیسے لے لوں۔ آخر بائیسکل ہے۔ ایک سواری ہے۔ فٹنوں اور گھوڑوں اور موٹروں اور تانگوں کے زمرے میں شمار ہوتی ہے۔ بکس کھولا تو معلوم ہوا کہ ہست و بود کل چھیالیس روپے ہیں۔ چھیالیس روپے تو کچھ ٹھیک رقم نہیں۔ پینتالیس یا پچاس ہوں، جب بھی بات ہے۔ پچاس تو ہو نہیں سکتے۔ اور اگر پینتالیس ہی دینے ہیں تو چالیس کیوں نہ دئے جائیں۔ جن رقموں کے آخر میں صفر آتا ہے وہ رقمیں کچھ زیادہ معقول معلوم ہوتی ہیں بس ٹھیک ہے، چالیس روپے دے دوں گا۔ خدا کرے مرزا قبول کر لے۔

باہر آیا چالیس روپے مٹھی میں بند کر کے میں نے مرزا کی جیب میں ڈال دئے اور کہا۔ "مرزا اس کو قیمت نہ سمجھنا۔ لیکن اگر ایک مفلس دوست کی حقیر سی رقم منظور کرنا تمہیں اپنی توہین معلوم نہ ہو تو کل بائیسکل بھجوا دینا"۔

مرزا چلنے لگے تو میں نے پھر کہا کہ مرزا کل ضرور صبح ہی صبح بھجوا دینا رخصت ہونے سے پہلے میں نے پھر ایک دفعہ کہا۔ "کل صبح آٹھ نو بجے تک پہنچ جائے، دیر نہ کر دینا۔۔۔ خدا حافظ۔۔۔ اور دیکھو مرزا میرے تھوڑے سے روپوں کو بھی زیادہ سمجھنا۔۔۔ خدا حافظ۔۔۔ اور تمہارا بہت بہت شکریہ، میں تمہارا بہت ممنون ہوں اور میری گستاخی کو معاف کر دینا، دیکھو نا کبھی کبھی یوں ہی بے تکلفی میں۔۔۔ کل صبح آٹھ نو بجے تک۔۔۔ ضرور۔۔۔ خدا حافظ۔۔۔"

مرزا کہنے لگے۔ "ذرا اس کو جھاڑ پونچھ لینا اور تیل وغیرہ ڈلوا لینا۔ میرے نوکر کو فرصت ہوئی تو خود ہی ڈلوا دوں گا، ورنہ تم خود ہی ڈلوا لینا"۔

میں نے کہا۔ "ہاں ہاں وہ سب کچھ ہو جائے گا، تم کل بھیج ضرور دینا اور دیکھنا آٹھ بجے تک ساڑھے آٹھ سات بجے تک پہنچ جائے۔ "اچھا۔۔۔ خدا حافظ!"

رات کو بستر پر لیٹا تو بائیسکل پر سیر کرنے کے مختلف پروگرام تجویز کرتا رہا۔ یہ ارادہ تو پختہ کر لیا کہ دو تین دن کے اندر اندر اردگرد کی تمام مشہور تاریخی عمارات اور کھنڈروں کو نئے سرے سے دیکھ ڈالوں گا۔ اس کے بعد اگلے گرمی کے موسم میں ہو سکا تو بائیسکل پر کشمیر وغیرہ کی سیر کروں گا۔ صبح صبح کی ہوا خوری کے لیے ہر روز نہر تک جایا کروں گا۔ شام کو ٹھنڈی سڑک پر جہاں اور لوگ سیر کو نکلیں گے میں بھی سڑک کی صاف شفاف سطح پر ہلکے ہلکے خاموشی کے ساتھ ہاتھی دانت کی ایک گیند کی مانند گزر جاؤں گا۔ ڈوبتے ہوئے آفتاب کی روشنی بائیسکل کے چمکیلے حصوں پر پڑے گی تو بائیسکل جگمگا اُٹھے گی اور ایسا معلوم ہو گا جیسے ایک راج ہنس زمین کے ساتھ ساتھ اُڑ رہا ہے۔ وہ مسکراہٹ جس کا میں اوپر ذکر کر چکا ہوں ابھی تک میرے ہونٹوں پر کھیل رہی تھی، بارہا دل چاہا کہ ابھی بھاگ کر آؤں اور اسی وقت مرزا کو گلے لگالوں۔

رات کو خواب میں دعائیں مانگتا رہا کہ خدایا مرزا بائیسکل دینے پر رضامند ہو جائے۔ صبح اٹھا تو اٹھنے کے ساتھ ہی نوکر نے یہ خوشخبری سنائی کے حضور وہ بائیسکل آگئی ہے۔ میں نے کہا۔ "اتنے سویرے؟"

نوکر نے کہا۔ "وہ تو رات ہی کو آگئی تھی، آپ سو گئے تھے میں نے جگانا مناسب نہ سمجھا اور ساتھ ہی مرزا صاحب کا آدمی یہ ڈھبریاں کسنے کا ایک اوزار بھی دے گیا ہے"۔

میں حیران تو ہوا کہ مرزا صاحب نے بائیسکل بھجوا دینے میں اس قدر عجلت سے کیوں کام لیا لیکن اس نتیجے پر پہنچا کہ آدمی نہایت شریف اور دیانت دار ہیں۔ روپے لے لیے تھے تو بائیسکل کیوں روک رکھتے۔

نوکر سے کہا۔ "دیکھو یہ اوزار یہیں چھوڑ جاؤ اور دیکھو بائیسکل کو کسی کپڑے سے خوب اچھی طرح جھاڑو۔ اور یہ موڑ پر جو بائیسکلوں والا بیٹھتا ہے اس سے جاکر بائیسکل میں ڈالنے کا تیل لے آؤ اور دیکھو، اے بھاگا کہاں جارہا ہے ہم ضروری بات تم سے کہہ رہے ہیں، بائیسکل والے سے تیل کی ایک کپی بھی لے آنا اور جہاں جہاں تیل دینے کی جگہ ہے وہاں تیل دے دینا اور بائیسکلوں والے سے کہنا کہ کوئی گھٹیا سا تیل نہ دیدے۔ جس سے تمام پرزے ہی خراب ہو جائیں، بائیسکل کے پرزے بڑے نازک ہوتے ہیں اور بائیسکل باہر نکال رکھو، ہم ابھی کپڑے پہن کر آتے ہیں۔ ہم ذرا سیر کو جارہے ہیں اور دیکھو صاف کر دینا اور بہت زور زور سے کپڑا ابھی مت رگڑنا، بائیسکل کا پالش گھس جاتا ہے"۔

جلدی جلدی چائے پی، غسل خانے میں بڑے جوش خروش کے ساتھ "چل چل چنبیلی باغ میں" گاتا رہا اس کے بعد کپڑے بدلے، اوزار کو جیب میں ڈالا اور کمرے سے باہر نکلا۔

برآمدے میں آیا تو برآمدے کے ساتھ ہی ایک عجیب و غریب مشین پر نظر پڑی۔ ٹھیک طرح پہچان نہ سکا کہ کیا چیز ہے، نوکر سے دریافت کیا۔ "کیوں بے یہ کیا چیز ہے؟"

نوکر بولا۔ "حضور یہ بائیسکل ہے"۔

میں نے کہا۔ "بائیسکل؟ کس کی بائیسکل؟"

کہنے لگا۔ "مرزا صاحب نے بھجوائی ہے آپ کے لیے"۔

میں نے کہا۔ "اور جو بائیسکل رات کو انہوں نے بھیجی تھی وہ کہاں گئی؟"

کہنے لگا۔ "یہی تو ہے"۔

میں نے کہا۔ "کیا بکتا ہے جو بائیسکل مرزا صاحب نے کل رات کو بھیجی تھی وہ بائیسکل یہی ہے؟"

کہنے لگا۔ "جی ہاں"۔

میں نے کہا۔ "اچھا" اور پھر اسے دیکھنے لگا۔ اس کو صاف کیوں نہیں کیا؟"

"اس کو دو تین دفعہ صاف کیا ہے؟"

"تو یہ میلی کیوں ہے؟"

نوکر نے اس کا جواب دینا شاید مناسب نہ سمجھا۔

"اور تیل لایا؟"

"ہاں حضور لایا ہوں"۔

"دیا"؟

"حضور وہ تیل دینے کے چھید ہوتے ہیں وہ نہیں ملتے"۔

"کیا وجہ ہے؟"

"حضور دھُروں پر میل اور زنگ جما ہے۔ وہ سوراخ کہیں بیچ ہی میں دب دبا گئے ہیں"۔

رفتہ رفتہ میں اس چیز کے قریب آیا۔ جس کو میرا نوکر بائیسکل بتا رہا تھا۔ اس کے مختلف پرزوں پر غور کیا تو اتنا تو ثابت ہو گیا کہ یہ بائیسکل ہے لیکن مجموعی ہیئت سے یہ صاف ظاہر تھا کہ بل اور رہٹ اور چرخہ اور اس طرح کی ایجادات سے پہلے کی بنی ہوئی ہے۔ پہیے کو گھما گھما کر وہ سوراخ تلاش کیا جہاں کسی زمانے میں تیل دیا جاتا تھا۔ لیکن اب اس سوراخ میں سے آمد و رفت کا سلسلہ بند تھا۔ چنانچہ نوکر بولا۔ "حضور وہ تیل تو سب ادھر اُدھر بہہ جاتا ہے۔ بیچ میں تو جاتا ہی نہیں۔"

میں نے کہا۔ "اچھا اوپر اوپر ہی ڈال دو یہ بھی مفید ہوتا ہے"۔

آخر کار بائیسکل پر سوار ہوا۔ پہلا ہی پاؤں چلایا تو ایسا معلوم ہوا جیسے کوئی مردہ اپنی

ہڈیاں چٹخا چٹخا کر اپنی مرضی کے خلاف زندہ ہو رہا ہے۔ گھر سے نکلتے ہی کچھ تھوڑی سی اترائی تھی اس پر بائیسکل خود بخود چلنے لگی لیکن اس رفتار سے جیسے تار کول زمین پر بہتا ہے اور ساتھ ہی مختلف حصوں سے طرح طرح کی آوازیں برآمد ہونی شروع ہوئی۔ ان آوازوں کے مختلف گروہ تھے۔ چیں۔ چاں۔ چوں کی قسم آوازیں زیادہ تر گدی کے نیچے اور پچھلے پہیے سے نکلتی تھیں۔ کھٹ، کھڑ کھڑ۔ کھڑڑ کے قبیل کی آوازیں مڈ گارڈوں سے آتی تھی۔ چر۔ چرخ۔ چر۔ چرخ کی قسم کے سُر زنجیر اور پیڈل سے نکلتے تھے۔ زنجیر ڈھیلی ڈھیلی تھی۔ میں جب کبھی پیڈل پر زور ڈالتا تھا، زنجیر میں ایک انگڑائی سی پیدا ہوتی تھی جس سے وہ تن جاتی تھی اور چڑ چڑ بولنے لگتی تھی اور پھر ڈھیلی ہو جاتی تھی۔ پچھلا پہیہ گھومنے کے علاوہ جھومتا بھی تھا۔ یعنی ایک تو آگے کو چلتا تھا اور اس کے علاوہ دہنے سے بائیں اور بائیں سے دہنے کو بھی حرکت کرتا تھا۔ چنانچہ سڑک پر جو نشان پڑ جاتا تھا اس کو دیکھ کر ایسا معلوم ہوتا تھا جیسے کوئی مخمور سانپ لہرا کر نکل گیا ہے۔ مڈ گارڈ تھے تو سہی لیکن پہیوں کے عین اوپر نہ تھے۔ ان کا فائدہ صرف یہ معلوم ہوتا تھا کہ انسان شمال کی سمت سیر کرنے کو نکلے اور آفتاب مغرب میں غروب ہو رہا ہو تو مڈ گارڈوں کی بدولت ٹائر دھوپ سے بچے رہیں گے۔

اگلے پہیے کے ٹائر میں ایک بڑا سا پیوند لگا تھا جس کی وجہ سے پہیہ ہر چکر میں ایک دفعہ لمحہ بھر کو زور سے اوپر اُٹھ جاتا تھا اور میرا سر پیچھے کو یوں جھٹکے کھا رہا تھا جیسے کوئی متواتر تھوڑی کے نیچے مکے مارے جا رہا ہو۔ پچھلے اور اگلے پہیے کو ملا کر چوں چوں پھٹ۔ چوں چوں پھٹ۔۔۔ کی صدا نکل رہی تھی۔ جب اتار پر بائیسکل ذرا تیز ہوئی تو فضاء میں ایک بھونچال سا آگیا۔ اور بائیسکل کے کئی اور پرزے جو اب تک سو رہے تھے۔ بیدار ہو کر گویا ہوئے۔ ادھر اُدھر کے لوگ چونکے۔ ماؤں نے اپنے بچوں کو اپنے سینوں سے لگا

لیا۔ کھٹڑ کھٹڑ کے بیچ میں پہیوں کی آواز جدا سنائی رہی تھی لیکن چونکہ بائیسکل اب پہلے سے تیز تھی اس لیے چوں چوں پھٹ، چوں چوں پھٹ کی آواز نے اب چچوں پھٹ، چچوں پھٹ، کی صورت اختیار کرلی تھی۔ تمام بائیسکل کسی ادق افریقی زبان کی گردانیں دہرا رہی تھی۔

اس قدر تیز رفتاری بائیسکل کی طبع نازک پر گراں گزری۔ چنانچہ اس میں یک لخت دو تبدیلیاں واقع ہو گئیں۔ ایک تو ہینڈل ایک طرف کو مڑ گیا جس کا نتیجہ یہ ہوا کہ میں جا تو سامنے کو رہا تھا لیکن میرا تمام جسم دائیں طرف کو مڑا ہوا تھا۔ اس کے علاوہ بائیسکل کی گدی دفعتہً چھ انچ کے قریب نیچے بیٹھ گئی۔ چنانچہ جب پیڈل چلانے کے لیے میں ٹانگیں اوپر نیچے کر رہا تھا تو میرے گھٹنے میری تھوڑی تک پہنچ جاتے تھے۔ کمر دہری ہو کر باہر کو نکلی ہوئی تھی اور ساتھ ہی اگلے پہیے کی اٹھکیلیوں کی وجہ سے سر برابر جھٹکے کھا رہا تھا۔

گدی کا نیچا ہو جانا از حد تکلیف دہ ثابت ہوا۔ اس لیے میں نے مناسب یہی سمجھا کہ اس کو ٹھیک کرلوں۔ چنانچہ میں نے بائیسکل کو ٹھہرا لیا اور نیچے اترا۔ بائیسکل کے ٹھہر جانے سے یک لخت جیسے دنیا میں ایک خاموشی سی چھا گئی۔ ایسا معلوم ہوا جیسے میں کسی ریل کے اسٹیشن سے نکل کر باہر آ گیا ہوں۔ جیب سے میں نے اوزار نکالا، گدی کو اونچا کیا، کچھ ہینڈل کو ٹھیک کیا اور دوبارہ سوار ہو گیا۔

دس قدم بھی چلنے نہ پایا تھا کہ اب کے ہینڈل یک لخت نیچا ہو گیا۔ اتنا کہ گدی اب ہینڈل سے کوئی فٹ بھر اونچی تھی۔ میرا تمام جسم آگے کو جھکا ہوا تھا، تمام بوجھ دونوں ہاتھوں پر تھا جو ہینڈل پر رکھے تھے اور برابر جھٹکے کھا رہے تھے۔ آپ میری حالت کو تصور کریں تو آپ معلوم ہو گا کہ میں دور سے ایسا معلوم ہو رہا تھا جیسے کوئی عورت آٹا گوندھ رہی ہو۔ مجھے اس مشابہت کا احساس بہت تیز تھا جس کی وجہ سے میرے ماتھے پر پسینہ

آ گیا۔ میں دائیں بائیں لوگوں کو کنکھیوں سے دیکھتا جاتا تھا۔ یوں تو ہر شخص میل بھر پہلے ہی سے مڑ مڑ کر دیکھنے لگتا تھا لیکن ان میں کوئی بھی ایسا نہ تھا جس کے لیے میری مصیبت ضیافت طبع کا باعث نہ ہو۔

ہینڈل تو نیچا ہو ہی گیا تھا۔ تھوڑی دیر کے بعد گدی بھی پھر نیچی ہو گئی اور میں ہمہ تن زمین کے قریب پہنچ گیا۔ ایک لڑکے نے کہا۔ "دیکھو یہ آدمی کیا کر رہا ہے"۔ گویا اس بدتمیز کے نزدیک میں کوئی کرتب دکھا رہا تھا۔ میں نے اتر کر پھر ہینڈل اور گدی کو اونچا کیا۔

لیکن تھوڑی دیر کے بعد ان میں سے ایک نہ ایک پھر نیچا ہو جاتا۔ وہ لمحے جن کے دوران میں میرا ہاتھ اور میرا جسم دونوں ہی بلندی پر واقع ہوں بہت ہی کم تھے اور ان میں بھی میں یہی سوچتا رہتا تھا کہ اب کہ گدی پہلے بیٹھے گی یا ہینڈل؟ چنانچہ نڈر ہو کر نہ بیٹھتا بلکہ جسم کو گدی سے قدرے اوپر ہی رکھتا لیکن اس سے ہینڈل پر اتنا بوجھ پڑ جاتا کہ وہ نیچا ہو جاتا۔

جب دو میل گزر گئے اور بائیسکل کی اٹھک بیٹھک نے ایک مقرر باقاعدگی اختیار کر لی تو فیصلہ کیا کہ کسی مستری سے پیچ کسوا لینے چاہئیں چنانچہ بائیسکل کو ایک دکان پر لے گیا۔ بائیسکل کی کھڑ کھڑ سے دوکان میں جتنے لوگ کام کر رہے تھے، سب کے سب سر اٹھا کر میری طرف دیکھنے لگے لیکن میں نے جی کڑا کر کے کہا۔ "ذرا اس کی مرمت کر دیجئے"۔ ایک مستری آگے بڑھا لوہے کی ایک سلاخ اس کے ہاتھ میں تھی جس سے اس نے مختلف حصوں کو بڑی بے دردی سے ٹھوک بجا کر دیکھا۔ معلوم ہوتا تھا اس نے بڑی تیزی کے ساتھ سب حالات کا اندازہ لگا لیا ہے لیکن پھر بھی مجھ سے پوچھنے لگا۔ "کس کس پرزے کی مرمت کرائیے گا"؟

میں نے کہا۔ "بڑے گستاخ ہو تم دیکھتے نہیں کہ صرف ہینڈل اور گدی کو ذرا اونچا کروا کے کسوانا ہے بس اور کیا؟ ان کو مہربانی کر کے فوراً ٹھیک کرو اور بتاؤ کتنے پیسے ہوئے؟"

مستری نے کہا۔ "مڈ گارڈ بھی ٹھیک نہ کر دوں؟"

میں نے کہا۔ "ہاں، وہ بھی ٹھیک کر دو"۔

کہنے لگا۔ "اگر آپ باقی چیزیں بھی ٹھیک کرا لیں تو اچھا ہو"۔

میں نے کہا۔ "اچھا کر دو"۔

بولا۔ "یوں تھوڑا ہو سکتا ہے۔ دس پندرہ دن کا کام ہے آپ اسے ہمارے پاس چھوڑ جائیے۔"

"اور پیسے کتنے لو گے؟"

کہنے لگا۔ "بس چالیس روپے لگیں گے"۔

ہم نے کہا۔ "بس جی جو کام تم سے کہا ہے کر دو اور باقی ہمارے معاملات میں دخل مت دو۔"

تھوڑی دیر بعد ہینڈل اور گدی پھر اونچی کر کے کس دی گئی۔ میں چلنے لگا تو مستری نے کہا میں نے کس تو دیا ہے لیکن پیچ سب گھسے ہوئے ہیں، ابھی تھوڑی دیر میں پھر ڈھیلے ہو جائیں گے۔"

میں نے کہا۔ "بد تمیز کہیں کا، تو دو آنے پیسے مفت میں لے لیے؟"

بولا۔ "جناب آپ کو بائیسکل بھی مفت میں ملی ہو گی، یہ آپ کے دوست مرزا صاحب کی ہے نا؟ للّو یہ وہی بائیسکل ہے جو پچھلے سال مرزا صاحب یہاں بیچنے کو لائے تھے۔ پہچانی تم نے؟ بھئی صدیاں ہی گزر گئیں لیکن اس بائیسکل کی خطاء معاف ہونے میں

نہیں آتی۔"

میں نے کہا۔ "واہ مرزا صاحب کے لڑکے اس پر کالج آیا جایا کرتے تھے اور ان کو ابھی کالج چھوڑے دو سال بھی نہیں ہوئے۔"

مستری نے کہا۔ "ہاں وہ تو ٹھیک ہے لیکن مرزا صاحب خود جب کالج میں پڑھتے تھے تو ان کے پاس بھی تو یہی بائیسکل تھی۔"

میری طبیعت یہ سن کر کچھ مردہ سی ہو گئی۔ میں نے بائیسکل کو ساتھ لیے آہستہ آہستہ پیدل چل پڑا۔ لیکن پیدل چلنا بھی مشکل تھا۔ اس بائیسکل کے چلانے میں ایسے ایسے پٹھوں پر زور پڑتا تھا جو عام بائیسکلوں کو چلانے میں استعمال نہیں ہوتے۔ اس لیے ٹانگوں اور کندھوں اور کمر اور بازوؤں میں جابجا درد ہو رہا تھا۔ مرزا کا خیال رہ رہ کر آتا تھا۔ لیکن میں ہر بار کوشش کر کے اسے دل سے ہٹا دیتا تھا، ورنہ میں پاگل ہو جاتا اور جنون کی حالت میں پہلی حرکت مجھ سے یہ سرزد ہوئی کہ مرزا کے مکان کے سامنے بازار میں ایک جلسہ منعقد کرتا جس میں مرزا کی مکاری، بے ایمانی اور دغا بازی پر ایک طویل تقریر کرتا۔ کل بنی نوع انسان اور آئندہ آنے والی نسلوں کی ناپاک فطرت سے آگاہ کر دیتا اور اس کے بعد ایک چتا جلا کر اس میں زندہ جل کر مر جاتا۔

میں نے بہتر یہی سمجھا کہ جس طرح ہو سکے اب اس بائیسکل کو اونے پونے داموں میں بیچ کر جو وصول ہو اسی پر صبر شکر کروں۔ بلا سے دس پندرہ روپیہ کا خسارہ سہی۔ چالیس کے چالیس روپے تو ضائع نہ ہوں گے۔ راستے میں بائیسکلوں کی ایک اور دکان آئی وہاں ٹھہر گیا۔

دکاندار بڑھ کر میرے پاس آیا لیکن میری زبان کو جیسے قفل لگ گیا تھا۔ عمر بھر کسی چیز کے بیچنے کی نوبت نہ آئی تھی مجھے یہ بھی معلوم نہیں کہ ایسے موقع پر کیا کہتے ہیں آخر

بڑے سوچ بچار اور بڑے تامل کے بعد منہ سے صرف اتنا نکلا کہ یہ "بائیسکل" ہے۔
دکاندار کہنے لگا۔ "پھر؟"
میں نے کہا۔ "لوگے"۔
کہنے لگا۔ "کیا مطلب؟"
میں نے کہا۔ "بیچتے ہیں ہم۔"
دکاندار نے مجھے ایسے نظر سے دیکھا کہ مجھے یہ محسوس ہوا مجھ پر چوری کا شبہ کر رہا ہے۔ پھر بائیسکل کو دیکھا۔ پھر مجھے دیکھا، پھر بائیسکل کو دیکھا۔ ایسا معلوم ہوتا تھا کہ فیصلہ نہیں کر سکتا آدمی کون سا ہے اور بائیسکل کون سی ہے؟ آخر کار بولا۔ "کیا کریں گے آپ اس کو بیچ کر؟"
ایسے سوالوں کا خدا جانے کیا جواب ہوتا ہے۔ میں نے کہا۔ "کیا تم یہ پوچھنا چاہتے ہو کہ جو روپے مجھے وصول ہوں گے ان کا مصرف کیا ہو گا؟"
کہنے لگا۔ "وہ تو ٹھیک ہے مگر کوئی اس کو لے کر کرے گا کیا؟"
میں نے کہا۔ "اس پر چڑھے گا اور کیا کرے گا۔"
کہنے لگا۔ "اچھا چڑھ گیا۔ پھر؟"
میں نے کہا۔ "پھر کیا؟ پھر چلائے گا اور کیا؟"
دکاندار بولا۔ "اچھا؟ ہوں۔ خدا بخش ذرا یہاں آنا۔ یہ بائیسکل بکنے آئی ہے۔"
جن حضرت کا اسم گرامی خدا بخش تھا انہوں نے بائیسکل کو دور ہی سے یوں دیکھا جیسے بو سونگھ رہے ہوں۔ اس کے بعد دونوں نے آپس میں مشورہ کیا، آخر میں وہ جن کا نام خدا بخش نہیں تھا میرے پاس آئے اور کہنے لگے۔ "تو آپ سچ مچ بیچ رہے ہیں؟"
میں نے کہا۔ "تو اور کیا محض آپ سے ہم کلام ہونے کا فخر حاصل کرنے کے لیے

میں گھر سے یہ بہانہ گھڑ کر لایا تھا؟"

کہنے لگا۔ "تو کیا لیں گے آپ؟"

میں نے کہا۔ "تم ہی بتاؤ۔"

کہنے لگا۔ "سچ مچ بتاؤں؟"

میں نے کہا۔ "اب بتاؤ گے بھی یا یوں ہی ترساتے رہو گے؟"

کہنے لگا۔ "تین روپے دوں گا اس کے۔"

میرا خون کھول اٹھا اور میرے ہاتھ پاؤں اور ہونٹ غصے کے مارے کانپنے لگے۔ میں نے کہا۔

"او صنعت و حرفت سے پیٹ پالنے والے نچلے طبقے کے انسان، مجھے اپنی توہین کی پروا نہیں لیکن تو نے اپنی بیہودہ گفتاری سے اس بے زبان چیز کو جو صدمہ پہنچایا ہے اس کے لیے میں تجھے قیامت تک معاف نہیں کر سکتا۔" یہ کہہ کر میں بائیسکل پر سوار ہو گیا اور اندھا دھند پاؤں چلانے لگا۔

مشکل سے بیس قدم گیا ہوں گا کہ مجھے ایسا معلوم ہوا کہ جیسے زمین یک لخت اچھل کر مجھ سے آ لگی ہے۔ آسمان میرے سر پر سے ہٹ کر میری ٹانگوں کے بیچ میں سے گزر گیا اور ادھر اُدھر کی عمارتوں نے ایک دوسرے کے ساتھ اپنی اپنی جگہ بدل لی ہے۔ حواس بجا ہوئے تو معلوم ہوا میں زمین پر اس بے تکلفی سے بیٹھا ہوں، گویا بڑی مدت سے مجھے اس بات کا شوق تھا جو آج پورا ہوا۔ ارد گرد کچھ لوگ جمع تھے جس میں سے اکثر ہنس رہے تھے۔ سامنے دکان تھی جہاں ابھی ابھی میں نے اپنی ناکام گفت و شنید کا سلسلہ منقطع کیا تھا۔ میں نے اپنے گرد و پیش پر غور کیا تو معلوم ہوا کہ میری بائیسکل کا اگلہ پہیہ بالکل ہو کر لڑھکتا ہوا سڑک کے اس پار جا پہنچا ہے اور باقی سائیکل میرے پاس پڑی ہے۔ میں نے

فوراً اپنے آپ کو سنبھالا جو پہیہ الگ ہو گیا تھا اس کو ایک ہاتھ میں اٹھایا دوسرے ہاتھ میں باقی ماندہ بائیسکل کو تھاما اور چل کھڑا ہوا۔ یہ محض ایک اضطراری حرکت تھی ورنہ حاشا د کلا وہ بائیسکل مجھے ہرگز اتنی عزیز نہ تھی کہ میں اس کو اس حالت میں ساتھ ساتھ لیے پھرتا۔

جب میں یہ سب کچھ اٹھا کر چل دیا تو میں نے اپنے آپ سے پوچھا کہ یہ تم کیا کر رہے ہو، کہاں جا رہے ہو؟ تمہارا ارادہ کیا ہے۔ یہ دوپہیے کاہے کو لے جا رہے ہو؟

سب سوالوں کا جواب یہی ملا کہ دیکھا جائے گا۔ فی الحال تم یہاں سے چل دو۔ سب لوگ تمہیں دیکھ رہے ہیں۔ سر اونچا رکھو اور چلتے جاؤ۔ جو ہنس رہے ہیں، انہیں ہنسنے دو، اس قسم کے بیہودہ لوگ ہر قوم اور ہر ملک میں پائے جاتے ہیں۔ آخر ہوا کیا۔ محض ایک حادثہ۔ بس دائیں بائیں مت دیکھو۔ چلتے جاؤ۔

لوگوں کے ناشائستہ کلمات بھی سنائی دے رہے تھے۔ ایک آواز آئی۔ "بس حضرت غصہ تھوک ڈالئے۔" ایک دوسرے صاحب بولے۔ "بے حیا بائیسکل گھر پہنچ کے تجھے مزا چکھاؤں گا۔" ایک والد اپنے لخت جگر کی انگلی پکڑے جا رہے تھے۔ میری طرف اشارا کر کے کہنے لگے۔ "دیکھا بیٹا یہ سرکس کی بائیسکل ہے۔ اس کے دونوں پہیے الگ الگ ہوتے ہیں۔"

لیکن میں چلتا گیا۔ تھوڑی دیر کے بعد میں آبادی سے دور نکل گیا۔ اب میری رفتار میں ایک عزیمت پائی جاتی تھی۔ میرا دل جو کئی گھنٹوں سے کشمکش میں پیچ و تاب کھا رہا تھا اب بہت ہلکا ہو گیا تھا۔ میں چلتا گیا چلتا گیا حتیٰ کہ دریا پر جا پہنچا۔ پل کے اوپر کھڑے ہو کر میں نے دونوں پہیوں کو ایک ایک کر کے اس بے پروائی کے ساتھ دریا میں پھینک دیا جیسے کوئی لیٹر بکس میں خط ڈالتا ہے۔ اور واپس شہر کو روانہ ہو گیا۔

سب سے پہلے مرزا کے گھر گیا۔ دروازہ کھٹکھٹایا۔ مرزا بولے۔ "اندر آجاؤ"۔

میں نے کہا۔ آپ ذرا باہر تشریف لایئے۔ میں آپ جیسے خدار سیدہ بزرگ کے گھر وضو کیے بغیر کیسے داخل ہو سکتا ہوں۔"

باہر تشریف لائے تو میں نے وہ اوزار ان کی خدمت میں پیش کیا جو انہوں نے بائیسکل کے ساتھ مفت ہی مجھ کو عنایت فرمایا تھا اور کہا:

"مرزا صاحب آپ ہی اس اوزار سے شوق فرمایا کیجیے میں اب سے بے نیاز ہو چکا ہوں۔"

گھر پہنچ کر میں نے پھر علم کیمیا کی اس کتاب کا مطالعہ شروع کیا جو میں نے ایف۔اے میں پڑھی تھی۔

(۵) پیر و مرشد

کنہیالال کپور

پطرس میرے استاد تھے۔ ان سے پہلی ملاقات تب ہوئی جب گورنمنٹ کالج لاہور میں ایم اے انگلش میں داخلہ لینے کے لئے ان کی خدمت میں حاضر ہوا۔ انٹرویو بورڈ تین اراکین پر مشتمل تھا۔ پروفیسر ڈکنسن (صدر شعبہ انگریزی) پروفیسر مدن گوپال سنگھ اور پروفیسر اے ایس بخاری۔ گھر سے خوب تیار ہو کر گئے تھے کہ سوالات کا کرارا جواب دے کر بورڈ کو مرعوب کرنے کی کوشش کریں گے، مگر بخاری صاحب نے ایسے سوال کئے کہ پسینے چھوٹنے لگے۔ جونہی کمرے میں داخل ہو کر آداب بجا لائے انہوں نے خاکسار پر ایک سرسری نگاہ ڈالتے ہوئے پوچھا۔ "آپ ہمیشہ اتنے ہی لمبے نظر آتے ہیں یا آج خاص اہتمام کر کے آئے ہیں؟" لاجواب ہو کر ان کے منہ کی طرف دیکھنے لگے۔

"آپ شاعر ہیں؟"

"جی نہیں۔"

"دیکھنے میں تو آپ مجنوں گورکھپوری نظر آتے ہیں۔"

پروفیسر مدن گوپال سنگھ کو مخاطب کرتے ہوئے فرمایا۔ "بہ خدا ان کی شکل خطرناک حد تک مجنوں گورکھپوری سے ملتی ہے۔" پھر میری جانب متوجہ ہوئے۔ "آپ کبھی مجنوں گورکھپوری سے ملے ہیں؟"

"جی نہیں۔"

"ضرور ملئے۔ وہ آپ کے ہم قافیہ ہیں۔"

پھر پوچھا۔ "یہ آپ کے سرٹیفکیٹ میں لکھا ہے کہ آپ کتابی کیڑے ہیں، جانتے ہو کتابی کیڑا کسے کہتے ہیں؟"

"جی ہاں۔ جو شخص ہر وقت مطالعہ میں منہمک رہتا ہے۔"

"کتابی کیڑا وہ ہوتا ہے، جو کتاب کے بجائے قاری کو کھا جاتا ہے۔"

پروفیسر ڈکنسن نے بخاری صاحب سے دریافت کیا۔ "ان کے بی اے میں کتنے نمبر آئے تھے؟"

انھوں نے میرا ایک سرٹیفکیٹ پڑھتے ہوئے جواب دیا۔ ۳۲۹ فرسٹ ڈویژن۔

"تو پھر کیا خیال ہے؟" پروفیسر مدن گوپال سنگھ نے پوچھا۔

بخاری صاحب نے مسکراتے ہوئے کہا۔ "داخل کرنا ہی پڑے گا۔ جو کام ہم سے عمر بھر نہ ہو سکا وہ انہوں نے کر دیا۔"

پروفیسر ڈکنسن نے چونک کر پوچھا۔ "کون سا کام بخاری صاحب؟"

سگریٹ کا کش لگاتے ہوئے فرمایا۔ "یہی بی اے میں فرسٹ ڈویژن لینے کا۔"

دوسرے دن کلاس روم میں گئے۔ بخاری صاحب کا ان دنوں عالم شباب تھا پینتیس سال کے قریب عمر ہو گی، دراز قد، گھنی بھنویں، سرخ و سفید رنگت، بڑی بڑی روشن آنکھیں، لمبوترا چہرہ، شکل و شباہت کے اعتبار سے وہ افغان یا ایرانی دکھائی دیتے تھے۔ ریشمی گاؤن پہن کر کلاس روم میں آتے تھے۔ حاضری لئے بغیر لیکچر شروع کیا کرتے، عموماً لیکچر سے پہلے اپنے عزیز شاگردوں سے دو ایک چونچیں ضرور لڑا کرتے تھے۔ بلراج ساہنی مشہور ہندوستانی اداکار، ان کا عزیز ترین شاگرد تھا۔ اکثر ایک آدھ فقرہ اس پر کستے تھے۔ "کیا بات ہے ساہنی، آج کچھ کھوئے کھوئے نظر آتے ہو۔ جانتے ہو جب کوئی

نوجوان اداس رہتا ہے تو اس کی اداسی کی صرف دو وجہیں ہوتی ہیں یا وہ عشق فرمانے کی حماقت کر رہا ہے یا اس کا بٹوہ خالی ہے۔"

لیکچر کسی کتاب یا نوٹس کی مدد کے بغیر دیتے تھے۔ انگریزی کا تلفظ ایسا تھا کہ انگریزوں کو رشک آتا تھا۔ فرسودہ یا روائتی انداز بیان سے چڑ تھی۔ غلطی سے بھی کوئی عامیانہ فقرہ ان کی زبان سے نہیں نکلتا تھا۔ "ڈرامہ" پڑھانے میں خاص کمال حاصل تھا۔ "ہملیٹ" پڑھا رہے ہیں تو چہرے پر وہی تاثرات پیدا کر لیں گے جو موقع محل کی عکاسی کرتے ہوں۔ کنگ لیر پڑھاتے تو معلوم ہوتا، کہ طوفانوں میں گھرا ہوا بوڑھا شیر غرا رہا ہے۔ شیکسپیئر کے مشہور کرداروں کی تقریریں زبانی یاد تھیں انہیں اس خوبی سے ادا کرتے کہ سامعین کو پھریری سی آجاتی۔

حافظہ غضب کا پایا تھا، اکثر جب کوئی نئی کتاب پڑھتے تو دوسرے دن کلاس روم میں اس کا خلاصہ اتنی صحت کے ساتھ بیان کرتے کہ لیکچر سننے کے بعد محسوس ہوتا کتاب انہوں نے نہیں ہم نے پڑھی ہے۔

ایک بار فرانسیسی فلسفی برگساں کی کتاب "مزاح" کی وضاحت فرماتے وقت انہوں نے طنز و مزاح سے متعلق بہت دلچسپ باتیں بتائیں فرمایا۔ "انسان ہی صرف ہنسنے والا جانور ہے۔"

میں نے کہا۔ "جناب بندر بھی ہنستا ہے۔"

ہنس کر فرمایا۔ "کیونکہ وہ انسان کا جد امجد ہے۔"

بیان کو جاری رکھتے ہوئے فرمایا۔ "ہنسنے کے لئے عقل کا ہونا ضروری ہے۔ یہی وجہ ہے کہ بیوقوف کو لطیفہ سنانا تضیع اوقات ہے۔ اگر ایک آدمی کیلئے کے چھلکے سے پھسل پڑے تو دوسرے اس پر ہنستے ہیں لیکن اگر ایک بھینس کیلئے کے چھلکے سے پھسل کر کیچڑ

میں گر پڑے تو باقی بھینسیں اس پر کبھی نہیں ہنسیں گی، کیونکہ بھینس کے پاس عقل نہیں ہوتی تبھی تو یہ محاورہ ایجاد ہوا۔ عقل بڑی یا بھینس۔۔۔ ہمدردی یا ترحم کا جذبہ ہنسی کے لئے زہر قاتل کا درجہ رکھتا ہے۔ اگر کوئی شخص سائیکل چلاتے وقت گر پڑے تو آپ اس پر ہنسیں گے لیکن اگر اسے سخت چوٹ آئی ہو تو آپ کبھی نہیں ہنس سکیں گے۔ اگر ایک ریلوے گارڈ گاڑی چلنے سے پہلے ہر مسافر کو سخت سست کہے، کھڑکی سے باہر جھانکنے والے ہر بچے کو سرزنش کرے، ہر بوڑھے کو فہمائش کرے کہ اسے ڈبے میں فوراً داخل ہونا چاہئے اور خود چلتی گاڑی میں سوار ہوتے وقت گر پڑے تو تمام مسافر قہقہے لگا کر اس کی بے بسی کا مذاق اڑائیں گے کیونکہ ان میں سے کسی کو اس کے ساتھ ہمدردی نہیں ہوگی۔

ایک ہی چیز المیہ اور طربیہ ہو سکتی ہے، سوال صرف ہمدردی کا ہے۔ فرض کیجئے بھرے میلے میں کوئی شخص یہ اعلان کرے کہ میری بیوی کھو گئی ہے، کچھ لوگ اس پر ضرور ہنسیں گے۔ یہ بات دوسروں کے نقطۂ نگاہ سے طربیہ اور خود اس شخص کے نقطہ نظر سے المیہ ہے۔ مزاح بالکل اسی طرح تیار کیا جا سکتا ہے۔ جیسے صابن یا خوشبودار تیل۔ فارمولا یہ ہے کہ دونوں چیزوں میں نامطابقت پیدا کر دیجئے۔ مثال کے طور پر یہ کہنے کے بجائے "ہم سخن فہم ہیں غالبؔ کے طرفدار نہیں۔" یہ کہیئے، "ہم طرفدار ہیں غالب کے سخن فہم نہیں۔" مزاح پیدا ہو جائے گا۔"

بخاری صاحب مزاحیہ تقریر کرنے کے فن میں امام کا درجہ رکھتے تھے۔ یہ سر عبد القادر کا دور زرّین تھا۔ ہر ادبی مجلس میں کرسیٔ صدارت اور سر عبد القادر لازم و ملزوم تھے۔ یونیورسٹی ہال میں ایک ادبی مباحثہ ہو رہا تھا۔ موضوع زیر بحث تھا (The Proper Study of mankind Is Women، صنف نازک ہی انسانی مطالعہ کا صحیح موضوع ہے۔) جب پروفیسر دیوان چند شرما، ڈاکٹر خلیفہ شجاع الدین تقاریر کر چکے تو سر عبد القادر

نے بخاری صاحب کو اسٹیج پر تشریف لانے کو کہا۔ سامعین ہمہ تن گوش ہو گئے، کہ انھیں پوری توقع تھی اب ہنسی مذاق کے فوارے چھوٹیں گے۔

بخاری صاحب جھومتے جھامتے اسٹیج پر آئے۔ صاحب صدر کی طرف مسکرا کر دیکھا۔ سامعین پر ایک نگاہ غلط انداز ڈالی اور فرمایا۔ "صاحب صدر! میں بد قسمتی سے پروفیسر واقع ہوا ہوں جس کالج میں پڑھاتا ہوں وہاں مخلوط تعلیم کا رواج ہے۔ میرا تجربہ ہے کہ کلاس روم میں طلباء کی توجہ کا مرکز صنف نازک ہی ہوتی ہے۔ کوشش کے باوجود میں طلباء کو اپنی طرف متوجہ نہیں کر سکتا اور بسا اوقات مجھے صنف نازک پر رشک آنے لگتا ہے، صاف ظاہر ہے طلباء یہ نکتہ بخوبی سمجھتے ہیں کہ صنف نازک ہی مطالعہ کا اصل موضوع ہے۔

صاحب صدر! صنف نازک کے مطالعہ کے بغیر سائنس کا مطالعہ ناممکن ہے۔ کیا آپ مقناطیسیت کا مطالعہ صنف نازک کے بغیر مکمل سمجھیں گے، جب کہ آپ جانتے ہیں کہ عورت سے زیادہ پرکشش ہستی خداوند تعالیٰ نے پیدا نہیں کی۔ کیا آپ حرارت کا مطالعہ کرنے میں عورت کو نظر انداز کر سکتے ہیں جب آپ جانتے ہیں کہ محفلوں کی گرمی عورت کی موجودگی کی مرہون منت ہے۔ کیا آپ برقیات کا مطالعہ کرتے وقت عورت کو نظر انداز کر سکتے ہیں جب آپ کو معلوم ہے کہ حوّا کی بیٹیاں بادل کے بغیر بجلیاں گرا سکتی ہیں۔

صاحب صدر! صنف نازک آرٹ کے مطالعے کے لئے ناگزیر ہے۔ اگر لیونارڈو، رافیل اور مائیکل اینجلو نے عورت کے خط و خال کو قریب سے نہ دیکھا ہوتا تو کیا وہ ان لافانی تصاویر اور مجسموں کی تخلیق کر سکتے جن کا شمار عجائبات عالم میں ہوتا ہے۔ کیا کالی داس، شکنتلا کا، شیکسپیئر، روزالنڈ کا اور دانتے، بیتریس کا تصور بھی ذہن میں لا سکتے اگر انہوں نے

صنف نازک کے مطالعے میں شب وروز نہ گزارے ہوتے۔ صاحب صدر! صنف نازک نے موسیقاروں سے ٹھمریوں اور دادروں ، شاعروں سے مثنویوں اور غزلوں اور رقاصوں سے کتھک اور کتھا کلی کی تخلیق کرائی۔ اگر آج فنون لطیفہ ختم ہو رہے ہیں تو اس کی وجہ یہ ہے کہ ہم مطالعہ کے اصلی موضوع سے بھٹک گئے ہیں۔ ہم ان چیزوں کا مطالعہ کر رہے ہیں جن سے بجلی کے پنکھے، سستی دیسی فلمیں، اور اکثیر چنبل تو معرض وجود میں آسکتی ہے لیکن "میگھ دوت"، "تائیس" اور "منی پور رقص" کی توقع کرنا بیکار ہے۔"

مرحوم تقریر نہیں، سحر کیا کرتے تھے۔ ان کی ساحری کا ایک واقعہ مجھے یاد ہے۔ ۱۹۳۲ء میں انہوں نے اپنے ایک عزیز شاگرد پروفیسر آر۔ ایل مہتہ کے اصرار پر ڈی اے وی کالج لاہور میں گالزوردی کے ناول A Man of Property پر لیکر دیا۔ پروفیسر مہتہ ان دنوں ڈی اے وی کالج میں ملازم تھے۔ مارچ کا مہینہ تھا، مطلع ابر آلود تھا ہلکی ہلکی پھوار پڑ رہی تھی۔ لاہور کے کالجوں کے سینکڑوں طلباء و طالبات لکچر سننے کے لئے ڈی اے وی کالج کے سائنس تھیٹر میں اکٹھے ہوئے۔ بخاری صاحب نے لکچر کی تمہید اس فقرے سے کی "خواتین و حضرات! ڈی اے وی کالج میں یہ میرا پہلا اور آخری لکچر ہے وجہ یہ ہے کہ اس کالج کے طلباء کا انگریزی کا تلفظ اتنا عجیب واقع ہوا ہے کہ جب وہ مجھے انگریزی میں بولتے ہوئے سنیں گے تو یہ سمجھیں گے میں انگریزی کی بجائے فرانسیسی یا جرمن میں تقریر کر رہا ہوں۔"

مرحوم کو انگریزی فکشن پر حیرت انگیز عبور حاصل تھا۔ جب وہ گالزوردی کے ناول کی وضاحت کر رہے تھے تو معلوم ہوتا تھا کہ خود مصنف اپنی تخلیق کا تجزیہ کر رہا ہے۔ طلباء ان کے لکچر کے نوٹس لے رہے تھے۔ بخاری صاحب کی فصاحت اور بلاغت کا یہ عالم

تھا کہ وہ ایک خوب صورت فقرے کے بعد دوسرا وضع کرتے چلے تھے اور طلباء تذبذب میں پڑ جاتے کہ کون سا فقرہ نوٹ کریں اور کون سا نظر انداز کریں۔

یک لخت باہر بارش تیز ہوگئی، بجلی ایک دم جو زور سے کڑکی تو کمرے کی تمام بتیاں گل ہوگئیں۔ بخاری صاحب نے سلسلہ تقریر منقطع کرنا مناسب نہیں سمجھا۔ گھپ اندھیرے میں اپنے اسی شگفتہ انداز میں تقریر کرتے رہے، اور طلباء اندھیرے میں ان کے فقرے نوٹ کرنے کی کوشش میں محو رہے۔ کہیں سے شور و غل، چیخ و پکار کی آواز نہیں آئی، کمرے میں مکمل سناٹا تھا۔ کوئی دس پندرہ منٹ کے بعد بتیاں پھر روشن ہوئیں۔ بخاری صاحب نے ایک خفیف مسکراہٹ کے ساتھ ان کا خیر مقدم کیا اور تقریر جاری رکھی۔ اس تقریر کے سننے کے بعد اکثر طلباء کا یہ رد عمل تھا کہ جو باتیں ان کے اپنے پروفیسر دو سال میں نہیں بتا سکے وہ بخاری صاحب نے ایک گھنٹہ کے دوران میں بتادیں۔ اسی تقریر سے متعلق مجھے ان کا ایک فقرہ یاد ہے۔ فرمایا، "مشہور انگریز نقاد ڈاکٹر بیکر نے انگریزی ناول پر آٹھ جلدیں لکھی ہیں جن کا مجموعی وزن کوئی چار سیر ہو گا۔ ایک اور انگریزی نقاد جے بی پریسٹلے نے ناول پر ایک کتابچہ لکھا جس کا وزن چار تولے ہو گا میری رائے میں اگر بیکر کی تمام جلدیں ایک پلڑے میں رکھ دی جائیں اور پرسٹلیے کا کتابچہ دوسرے میں تو یقیناً پرسٹلیے کا پلڑا بھاری رہے گا۔"

سناتن دھرم کالج میں ایک ادبی مباحثہ ہوا۔ بخاری صاحب وہاں صاحب صدر کی حیثیت سے موجود تھے۔ موضوع زیر بحث تھا، "عورت تیرا نام کمزوری ہے۔" لاہور کے بہترین مقرر اس مباحثے میں حصہ لے رہے تھے۔ ان میں سے اکثر یورپ کی سیر کر چکے تھے، انہوں نے اپنی تقاریر میں یورپین عورتوں کو خاص طور پر آڑے ہاتھوں لیا۔ کچھ نے ہندوستان کی تاریخ سے مثالیں دے کر ثابت کیا کہ عورت نے ہر گام پر مرد کو دھوکا دیا

ہے۔ سکھ مہارانی "جنداں" کا ذکر کیا گیا، حوّا کی کمزوری کی طرف بھی بار بار اشارے کئے گئے۔ بحث کے اختتام پر بخاری صاحب نے فرمایا۔ "میں نے مخالفین کے دلائل بڑے غور سے سنے، میں سمجھتا ہوں کہ ان کے دلائل صحیح اور نتائج غلط ہیں۔ اگر یہ ٹھیک ہے کہ عورت مرد کو ہمیشہ گمراہ کرتی رہی ہے تو میرے خیال میں یہ مرد کی کمزوری اور عورت کی شہ زوری ہے۔ حالانکہ میں نے بھی یورپ کی سیر کی ہے لیکن عورتوں سے متعلق میرا تجربہ اتنا وسیع نہیں جتنا میرے چند دوستوں کا جنھوں نے یورپین عورتوں کی کمزوری کا بیان چٹخارے لے لے کر کیا۔ کہا گیا ہے کہ یورپ میں عورت شکاری اور مرد شکار ہے۔ اگر یہ صحیح ہے تو ہمیں ہر شیر اور ہر عقاب کو کمزور سمجھنا چاہیئے۔ دراصل بات یہ ہے خدا پنج انگشت یکساں نہ کردے۔ نہ عورت کانچ کی چوڑی ہے اور نہ مرد فولاد کا پنجہ۔

بخاری صاحب اپنے طلباء میں تنقیدی شعور پیدا کرنے میں ہمیشہ کوشاں رہتے تھے۔ رٹے رٹائے فقروں سے انہیں بہت نفرت تھی۔ ادھر کسی طالب علم نے کسی مشہور نقاد کے قول کا حوالہ دیا ادھر جھٹ انہوں نے پھبتی کسی "منصور کے پردے میں خدا بول رہا ہے۔ اجی حضرت یہ فرمان تو اے۔ سی بریڈلے کا ہے۔ خاکسار بریڈلے کی نہیں آپ کی رائے دریافت کرنا چاہتا ہے۔" جب ہمارا پہلا امتحان ہوا تو میں نے اپنے پرچے میں متعدد مشہور نقادوں کے فقرے نقل کر دیئے۔ بخاری صاحب نے مجھے۔ "صفر" نمبر عطا کرتے ہوئے پرچے کے سرورق پر لکھا۔ "آپکا سارا پرچہ واوین میں ہونا چاہیئے۔ آپ نے جگہ جگہ ایف ایل لوکس اور پروفیسر کلر کوچ کے اقوال نقل کر دیئے ہیں۔ یہ دونوں کیمبرج میں میرے استاد تھے۔ یقیناً میں اس قابل نہیں کہ اپنے استادوں کا ممتحن بن سکوں، مجھے تو آپ کا امتحان لینا ہے۔"

کلاس روم میں کبھی کبھی جان بوجھ کر الٹی بات کہہ دیتے۔ ساری کلاس پنجے جھاڑ کر ان کے پیچھے پڑ جاتی۔ وہ ہر معترض کو ایسا دنداں شکن جواب دیتے کہ بے چارہ بغلیں جھانکنے لگتا۔ سارا پیریڈ بحث مباحثہ میں گزر جاتا۔ سب کو قائل کرنے کے بعد فرماتے۔ "یہ بات میں نے صرف اشتعال دلانے کے لئے کہی تھی ورنہ اس میں کون کافر شک کر سکتا ہے کہ شیکسپیئر بہت بڑا فنکار ہے۔"

بحث مباحثہ کے پیریڈ میں جہاں طلباء کی تعداد تھوڑی ہوتی تھی، وہ ہر طالب علم پر جرح کیا کرتے تھے۔ ایسی کڑی جرح کہ طلباء کے چہروں پر ہوائیاں اڑنے لگتیں۔ خون خشک ہو جاتا۔ ایک دفعہ مجھ سے پوچھا۔ "آپ نے اپنے جواب مضمون میں لکھا کہ ٹینی سن کے کلام میں موسیقیت کا عنصر بدرجہ اتم موجود ہے۔ موسیقیت سے آپ کی کیا مراد ہے؟"

"موسیقیت سے میرا مطلب یہ ہے کہ ٹینی سن کا کلام پڑھتے وقت ایک دل کش لے یا تال کا احساس ہوتا ہے۔"

"لے یا تال کیا چیز ہے۔"

"آواز کا اتار چڑھاؤ۔"

"ٹینی سن کے کسی مصرعہ کا حوالہ دے کر بتایئے۔"

میں نے گھبراہٹ کے عالم میں یونہی ایک مصرع پڑھ دیا۔ فرمانے لگے۔ "یہ تو اتنا کرخت ہے کہ اس کے مقابلے میں کوّے کی آواز زیادہ سریلی معلوم ہو گی۔ کہیں یہ بات تو نہیں کہ آپ موسیقی اور شور و غل کو ہم معنی سمجھتے ہیں۔"

اس پیریڈ میں اکثر ہندوستانیوں کی عادات پر دلچسپ تبصرہ کیا کرتے تھے۔ "ہم ہندوستانی بھی تین لوک سے نیارے ہیں۔ انگلینڈ میں اگر کسی کے گھر موت واقع ہو جائے

تو کانوں کان خبر نہیں ہوتی، یہاں کسی کا دور دراز کا رشتہ دار اللہ کو پیارا ہو جائے تو ساری رات دھاڑیں مار مار کر ہمسایوں کے علاوہ گلی محلہ والوں کی نیند حرام کر دیتا ہے۔"

"شور و غل کا ہماری زندگی میں کتنا دخل ہے۔ انگلینڈ اور فرانس میں سڑک پر چلتے ہوئے لوگ اتنی دھیمی آواز میں باتیں کرتے ہیں گویا کانا پھوسی کر رہے ہوں۔ ہم ہندوستانی "مدہم" کی بجائے "پنجم" میں باتیں کرنے کے عادی ہیں بخدا ہم بولتے نہیں چلاتے ہیں۔"

"ہم ہندوستانی جب تقریر کرتے ہیں تو یوں معلوم ہوتا ہے جیسے گھر والوں سے لڑ کر آئے ہیں اور سامعین پر اپنا غصہ اتار رہے ہیں۔ ستم ظریفی کی انتہا یہ ہے کہ ماتمی قرارداد بھی ہم اس انداز میں پیش کرتے ہیں جیسے ہمسایہ ملک سے اعلان جنگ کر رہے ہوں۔"

"مبالغہ آمیزی ہماری طبیعت کا شعار بن چکی ہے۔ یہاں ہر کانفرنس "آل انڈیا" یا "بین الاقوامی" ہوتی ہے چاہے شرکت کرنے والوں کی تعداد ایک درجن کیوں نہ ہو۔ چند دن ہوئے میں نے موچی دروازے کے اندر ایک دکان دیکھی جس میں ایک ٹوٹا ہوا ہارمونیم اور خستہ حال طبلہ پڑا تھا۔ سائن بورڈ پر لکھا تھا۔ "انٹرنیشنل اکیڈمی آف میوزک اینڈ ڈانسنگ۔"

"ہندوستانی موسیقی میں سوز ہے جوش نہیں۔ کیمبرج میں ایک بار میں نے اپنے استاد کلر کوچ کو پکے گانوں کے چھ سات ریکارڈ سنوائے اس کے بعد ان کی ہندوستانی موسیقی کے بارے میں رائے دریافت کی۔ نہایت سنجیدگی سے کہنے لگے، "بور کرنے کے لئے ایک ہی ریکارڈ کافی تھا آپ نے چھ سات سنوانے کا خواہ مخواہ تکلف کیا۔"

بخاری صاحب سے آخری ملاقات جون ۱۹۴۷ء میں ہوئی۔ تب وہ آل انڈیا ریڈیو کے ڈائریکٹر کے عہدے سے سبکدوش ہو کر گورنمنٹ کالج لاہور کے پرنسپل مقرر ہو

چکے تھے۔ بڑے تپاک سے ملے فرمانے لگے۔ "آپ ڈی اے وی کالج میں یونہی وقت ضائع کر رہے ہیں۔ غیر ادبی ماحول میں رہنا ذہنی خودکشی کے مترادف ہے۔ میں جلد ہی آپ کو گورنمنٹ کالج میں لانے کی کوشش کروں گا۔" ان دنوں تحریک پاکستان اپنے شباب پر تھی۔ کسی پروفیسر نے کہا اگر پاکستان بن گیا تو ہم کپور کو ہندوستان نہیں جانے دیں گے۔ البتہ انھیں مشرف بہ اسلام ہونا پڑے گا۔ بخاری صاحب نے چونک کر فرمایا۔ "حضرت پہلے ہم اور آپ تو مشرف بہ اسلام ہولیں اس غریب کی باری تو بعد میں آئے گی۔ آخر ہم اور آپ میں کون سی مسلمانی رہ گئی ہے۔"

آل انڈیا ریڈیو کا تذکرہ چھڑا کہنے لگے۔ "ایک بار میرے متعلق پارلیمنٹ میں کہا گیا کہ میں دوست پرور ہوں۔ آل انڈیا ریڈیو میں میں نے اپنے دوست اور شاگرد اکٹھے کر رکھے ہیں۔ میں نے اخبارات میں ایک بیان دیا جس میں کہا کہ یہ الزام سو فیصد درست ہے، مگر اب اس کا کیا کیا جائے کہ بدقسمتی سے میرے تمام شاگرد اور احباب قابل ترین اشخاص واقع ہوئے ہیں اور قابل دوست یا شاگرد جاہل دشمن سے ہمیشہ اچھا ہوتا ہے۔

بخاری صاحب ساٹھ اکسٹھ برس کی عمر میں ہمیں داغ مفارقت دے گئے۔ ان کا مقبرہ دیار غیر میں بنا۔ ہندوستان اور پاکستان سے اتنی دور کہ ان کے شاگرد اور عقیدت مند اس پر آنسو بہانے یا شمع جلانے کی سعادت بھی حاصل نہیں کرسکتے، لیکن فہم و فراست کی شمعیں جو وہ خود جلاگئے ان کی روشنی ابدی ہے۔ ان کی دین صرف مضامینِ پطرس نہیں، ان کی اصل دین ان کے وہ مایۂ ناز شاگرد ہیں جنھوں نے ادب اور فن میں نئی راہیں نکالیں اور جنہیں اپنے "پیر و مرشد" پر جسد خاکی کی آخری سانس تک فخر رہے گا۔

(٦) پانچ قسم کے بے ہودہ شوہر

کنہیالال کپور

اگر کسی مرد سے پوچھا جائے پانچ قسم کے بے ہودہ شوہر کون سے ہیں تو وہ کہے گا، "صاحب! عقل کے ناخن لیجئے۔ بھلا شوہر بھی کبھی بے ہودہ ہوئے ہیں۔ بے ہودگی کی سعادت تو بیویوں کے حصے میں آئی ہے۔" اور اگر کسی عورت سے یہی سوال کیا جائے تو جواب ملے گا، "صرف پانچ ہی کیوں پانچ ہزار قسم کے بے ہودہ شوہر کیوں نہیں۔" اس لئے بہتر ہوگا یہ سوال کسی شخص سے نہ کیا جائے بلکہ کسی حیل و حجت کے بغیر فرض کر لیا جائے پانچ قسم کے بے ہودہ شوہر ہوتے ہیں اور ہندوستان کے ہر صوبے میں پائے جاتے ہیں۔

بے ہودہ شوہروں کی پہلی جماعت ان افراد پر مشتمل ہے جو اپنے کو شوہر کم اور نادر شاہ درانی زیادہ سمجھتے ہیں۔ بیوی کے حقوق اور احساسات کو بیدردی سے تہ تیغ کرنا ان کا شیوہ ہوتا ہے۔ انہیں کے بارے میں ایک شاعرہ نے (نادر شاہ درانی سے ان کا موازنہ کرتے ہوئے) کہا ہے؛

وہ قتل عام کرتا تھا یہ قتل خاص کرتے ہیں
وہ دنیا کو ڈراتا تھا یہ بیوی کو ڈراتے ہیں

ان کا باوا آدم وہ خاوند تھا جس نے بیوی پر رعب جمانے کے لئے اپنی پالتو بلی کو ذبح کر ڈالا تھا اور جس نے "گربہ کشتن روز اول" ایسے مضحکہ خیز مقولے کو ایجاد کیا تھا۔ میری

دانست میں وہ بیوی جو ایسے خاوند سے مرعوب ہو گئی تھی ضرورت سے زیادہ بزدل تھی۔ شاید اسے اختلاج قلب کے دورے پڑتے تھے ورنہ اگر اس میں تھوڑی سی بھی جرأت ہوتی وہ خاوند سے کہتی، "بلی مار (بروزن چڑی مار) صاحب اگر آپ اتنے ہی بہادر ہیں تو اسی خنجر سے جس سے آپ نے بلی کی گردن اڑا دی شیر کا سر کاٹ لائیے اور "شیر افگن" خطاب پائیے۔"

دوسری قسم کے بے ہودہ خاوند وہ ہیں جو یہ جانتے ہوئے بھی عورت نہیں بلکہ مرد "صنف نازک" ہے۔ اپنی بیوی کو کمزور اور ناقص العقل سمجھتے ہیں۔ بے چاری بیوی انہیں لاکھ سمجھائے کہ عموماً عورتوں کی عمر مردوں سے زیادہ ہوتی ہے۔ بہت کم عورتیں گنجی ہوتی ہیں یا کم از کم ان کے سر اس حد تک گنجے نہیں ہوتے جتنے مردوں کے، عورتیں مردوں کی نسبت سردی اور گرمی زیادہ برداشت کر سکتی ہیں۔ ان کا اعصابی نظام اس قدر مضبوط ہوتا ہے کہ وہ ساس، جیٹھانی، نند اور خاوند کی جلی کٹی سننے کے باوجود میٹھی اور گہری نیند کا لطف لے سکتی ہیں۔ عورتوں کو آئے دن زہر کا پیالہ پینا پڑتا ہے اور شوشکر کی طرح وہ زہر بھی بخوشی حلق سے نیچے اتار لیتی ہیں۔ جتنا انہیں سننا اور سہنا پڑتا ہے مردوں کو اس سے نصف بھی سننا یا سہنا پڑے تو وہ اپنا دماغی توازن ہی کھو بیٹھیں۔ ان کی بیوی اس قسم کے چاہے کتنے دلائل پیش کرے وہ اسی بات کی رٹ لگائے جائیں گے کہ عورت فطرتاً کمزور اور کم ہمت ہے۔

بے ہودہ شوہروں کی تیسری جماعت میں وہ لوگ شامل ہیں جو اپنی بیویوں کا دوسروں کی بیویوں سے موازنہ کر کے یہ ثابت کرنے کی کوشش کرتے ہیں کہ ان کی تمام ناکامیوں کی ذمہ داری پھوہڑ اور جاہل بیویوں پر عائد ہوتی ہے۔ وہ کبھی اس حقیقت کو تسلیم کرنے کے لئے تیار نہیں ہوتے کہ اگر وہ زندگی کی دوڑ میں دوسروں سے پیچھے رہ گئے

ہیں تو اس کی وجہ ان کی سست روی کم ہمتی یا محض نالائقی بھی ہو سکتی ہے۔ وہ بھلی چنگی بیویوں کو کوس کر اپنے دل کی بھڑاس نکالتے ہیں اور اس طرح اس احساس خفت سے نجات حاصل کرنا چاہتے ہیں جو سائے کی طرح ان کا تعاقب کرتا ہے۔ وہ بھول جاتے ہیں کہ اگر وہ بہتر بیویوں کے شوہر ہوتے تب بھی ان کی یہی حالت ہوتی۔

بے ہودہ شوہر کی چوتھی صف میں وہ لوگ آتے ہیں جنہیں بیوی کے رشتہ داروں سے خدا واسطے کا بیر ہوتا ہے۔ یہ بھلے مانس کم ظرف سے کم ظرف دوست کے ناز اٹھا سکتے ہیں لیکن سسرالی رشتہ داروں کو خاطر میں نہیں لاتے۔ وہ اپنے ہر فعل سے بیوی کے رشتے داروں کو یقین دلانے کی کوشش کرتے ہیں کہ ان کے گھر یا دل میں ان کے لئے کوئی جگہ نہیں۔ مثال کے طور پر جب وہ ایک پھیکی مسکراہٹ کے ساتھ ان سے پوچھتے ہیں، "آپ کب تشریف لائے"، تو دراصل ان کا مطلب ہوتا ہے، "آپ کیوں تشریف لائے یا آپ کب تشریف لے جا رہے ہیں۔" جونہی سسرالی رشتے دار ان کے گھر میں قدم رکھتا ہے انہیں جھٹ کوئی نہایت ضروری کام یاد آجاتا ہے اور جب کام س فارغ ہو کر گھر لوٹتے ہیں تو اتنے تھکے ہوئے ہوتے ہیں کہ مہمان سے بات تک نہیں کر سکتے۔ اگر بیوی شکایت کرتی ہے کہ وہ مہمان کے ساتھ بے رخی سے پیش آرہے ہیں تو پنجے جھاڑ کر اس کے پیچھے پڑ جاتے ہیں یا بار بار جھوٹی قسمیں کھا کر اسے یقین دلاتے ہیں کہ آج ہماری طبیعت ناساز ہے۔

بے ہودہ شوہروں کی پانچویں جماعت میں ان لوگوں کا شمار کیا جا سکتا ہے جو اس مختصر مضمون کو پڑھ کر سیخ پا ہوں گے یا جن کا ردعمل یہ ہوگا، "یہ مضمون ضرور کسی زن مرید شوہر نے لکھا ہے۔ شاید وہ بیویوں کا ایجنٹ ہے۔ کمبخت کو شوہروں پر اتنے سنگین الزامات تراشتے شرم بھی نہیں آئی۔ شوہر ہونے کے باوجود شوہروں کی ناک کٹوا دی۔"

ان حضرات کی خدمت میں یہ عرض ہے، آج جبکہ اپنے وطن میں قریب قریب ہر ایک ستون (مذہب، سیاست، تہذیب) گر چکا ہے، سارے جہاں سے اچھا ہندوستان ہمارا صرف ایک ستون کے سہارے کھڑا ہے اور وہ ستون ہے ہندوستانی بیوی۔ آج بھی اگر خود غرضی کی تیز اور تند آندھی میں ایک چراغ جل رہا ہے تو وہ ہے آپ کی بیوی۔ اس لئے اگر مضمون نگار نے شوہروں کی بجائے بیویوں کی طرف داری کی ہے تو اس نے کسی قسم کی بے ہودگی کا ارتکاب نہیں کیا۔

(۷) بسم اللہ۔۔۔ اللہ اکبر

شوکت تھانوی

چوہیا کی دم پکڑ کر قیمہ مشین میں ڈال دیا اور ہینڈل گھما کر نفیس کبابوں کا قیمہ تیار کر لیا۔ لیکن یہ اس وقت کا ذکر ہے جب ہم معلم الملکوت کے استاد معظم تھے اور ہماری ہر شرارت کو ہمارے بزرگ بچپن کہا کرتے تھے۔ اس کے بعد سے تو یہ حال ہوا کہ جس قدر عمر بڑھتی گئی، بزدلی میں اضافہ ہوتا گیا یہاں تک کہ ہمارے واسطہ کسی کی ختنہ کی تقریب میں شرکت کرنا یا لڑکیوں کے کان چھیدنے کا نظارہ بھی قیامت ہو گیا اور رفتہ رفتہ ہم اس قوم کے ایک فرد بن گئے جو تیغوں کے سائے میں پل کر جوان ہوتے ہے لیکن بندوق بلا لائسنس نہیں رکھ سکتا۔ شکار ہم نے کبھی نہیں کھیلا مرغ یا کسی پرندے کو ذبح کرنے کا اتفاق ہم کو کبھی نہیں ہوا۔ علم جراحی سے ہم کو کبھی کوئی دلچسپی نہیں ہوئی۔ پھر بھلا ہم سے یہ کیونکر ممکن تھا کہ بقر عید کے دن بکرا اپنے ہاتھوں سے ذبح کرتے لیکن یہ بات کچھ ایسی آن پڑی تھی کہ اگر ذبح نہیں کرتے تھے تو مردانگی میں فرق آتا جاتا تھا اور ذبح کرتے تو کیسے کرتے جب کہ اس کے خیال سے ہی پسینہ آجاتا تھا۔ عجیب شش و پیچ میں پڑے ہوئے تھے کہ بیگم نے کہا: "ایسا بھی کوئی مرد ہے جو ایک معمولی سا بکرا بھی ذبح نہ کر سکے" ہم نے تن کر جواب دیا۔ "اجی بکرا؟ بکرے کی کیا حقیقت ہے؟" مجھ سے کہیے تو میں ہاتھی ذبح کر دوں"۔

منہ چڑھا کر کہنے لگیں۔ "جی ہاں بڑے بیچارے ہاتھی ذبح کرنے والے ایسے ہی

تو ہوتے ہیں"۔

اب آپ ہی بتایئے کہ اس تمسخر کے بعد ہم کو کس قدر اشتعال پیدا ہو سکتا تھا۔ واللہ دل تو یہ چاہتا تھا کہ اسی وقت ایک چھُری اٹھا کر تمام دنیا کے بکروں اور بکریوں کو ذبح کر کے ڈال دیں۔ مگر ہم نے ضبط سے کام لیا اس لئے تو بیگم کے تمام لعن تشنیع کا خندہ پیشانی سے جواب دیا۔ اور اس غیر دل چسپ بحث کو ٹال کر وہاں سے ٹل گئے۔ ابھی وقت بھی کافی تھا کہ اس معرکہ کے لئے پوری رات پڑی تھی لیکن بیگم یہ چاہتی تھی کہ کل کی قربانی کے لئے آج ہی ہم سے وعدے لے لیں تاکہ سال گزشتہ کی طرح عین موقع پر ہم فرار ہی نہ ہو جائیں۔ اس لئے یہ بحث بارہ گھنٹے پہلے قبل چھڑ گیا اور ہماری ساری رات یا تو اسی الجھن میں جاگ کر کٹی، ورنہ جہاں آنکھ جھپکی نہایت ہی خوفناک خواب دیکھے۔

ایک جھٹکے کے ساتھ ہماری آنکھ کھل گئی اس وقت بھی ہم پسینہ میں غرق تھے اور معلوم ہو رہا تھا کہ واقعی چھری نے ہمارا تعاقب کیا ہے۔ سانس پھولی ہوئی تھی اور دل کی دھڑکن پنجاب میل بنی ہوئی تھی۔ ہم نے لاحول پڑھ کر پسینہ خشک کیا اور کلمہ پڑھتے ہوئے اٹھ کر بیٹھ گئے اس لئے کہ صبح قریب تھی۔ ایک جانور ککڑوں کرتے ہوئے ہمیں نماز کی یاد دلا رہا تھا۔ چنانچہ مرغ سحر کی اذان سے ہم کو نماز پڑھنے کا خیال آیا وضو، کیا اور ایک سچے مسلمان کی طرح نماز پڑھ کر دعا مانگی:"اے عزت دینے والے اور اے آبرو کے مالک، تو ہی اس قربانی کے امتحان میں ثابت قدم رکھے گا۔ تو ہم سرخرو ہو سکیں گے ورنہ ایک عورت کی نظر میں ہمیشہ ہمیشہ کے لئے ذلیل ہو جائیں گے"۔

اس میں کوئی شک نہیں کہ نماز کے بعد دل سے ایک بوجھ سا اتر گیا اور ہم خود بخود کچھ مطمئن ہو گئے۔ گھر میں سب جاگ چکے تھے بہر حال گھر میں تہواری فضائیں پیدا ہو چکی تھیں ایک ہم ہی تھے جو افیونیوں کی طرح قربانی کی پینک میں غین تھے۔ گھر میں کچھ نہا

رہے تھے کچھ نہا کر کپڑے پہن رہا تھے کہ بیگم نے بھوچال کی طرح کمرے میں آکر زناٹے سے کہا: "ارے آپ نہائے نہیں"۔

ہم نے چونک کر کہا: نہیں میں تو نہیں نہایا"

تو کہنے لگیں "تو اب کب نہایئے گا"۔ معلوم ہے بقر عید کی نماز جلد ہو جاتی ہے۔

ہم نے ٹرنک سے کپڑے نکالتے ہوئے کہا" غسل خانہ خالی ہے ؟"

کہنے لگیں:: جی خالی ہے جایئے نہا دھو کر آئے۔" قربانی کو دیر ہو رہی ہے"

بس ظالم نے قربانی کا کہہ کر ہمارے تمام حوصلے پست کر دیئے لیکن ہم نے نہایت مضبوطی کے ساتھ کہا" ایسی بھی کیا جلدی ہے ؟"

آنکھیں نکال کر کہنے لگیں : " جلدی ہی کیا ہے یعنی سات بجنے کو ہیں اگر گوشت جلدی نہ بنا تو کس طرح کھانا جلدی تیار ہو گا۔ جایئے نہائیں۔۔۔ قربانی سے پہلے تو نماز بھی پڑھنی ہے"۔

پھر وہی قربانی اور ہماری وحشت۔ لیکن ہم نے اپنے اضطراب کو بمشکل چھپانے کی کوشش کی اور کپڑے لے کر غسل خانہ میں گس گئے۔ نہا دھو کر عید گاہ پہنچے۔ عید کی نماز بھی ایک سچے مسلمان کی طرح ادا کی اور ہنسی خوشی عید ملتے ہوئے گھر کو روانہ ہوئے جیسے ہم کو قربانی کرنا ہی نہ تھی لیکن گھر کے قریب پہنچ کر دور سے دیکھتے ہیں تو سامنے ہی قصاب بیٹھا چھریاں تیز کر رہا تھا، دل نے کہا ابھی بھی موقع ہے کھسک جاؤ اور کچھ ہم نے ارادہ بھی کر لیا تھا لیکن عین اس وقت قصاب نے ہم کو دیکھ لیا اور جھک کر سلام کیا۔ اب بھاگنا مشکل اور خوداری کے خلاف تھا۔ لہذا ہم سنبھل گئے۔ اور اکڑتے ہوئے گھر تک پہنچے، بیگم چلمن سے جھانک رہی تھیں۔ ہمیں دیکھتے ہی کہنے لگیں۔

" آیئے ایک بات سن لیجئے"۔

ہم تعمیل ارشاد میں ان کے پاس حواس باختہ پہنچے۔

انہوں نے اتنی سی دیر میں کہ ہم عید گاہ گئے، اور نماز پڑھی نہ صرف قصاب کو بلا لیا تھا، بلکہ انجمن عالیہ اسلامیہ سے ایک آنہ فنڈ کا وہ مطبوعہ اشتہار بھی منگوالیا تھا جس میں مسجد کی مرمت کی اپیل تھی۔ اور قربانی کی کھالوں کا مطالبہ اور اسی کے ساتھ ساتھ قربانی کی دعا بھی لکھی ہوئی تھی۔

بیگم نے وہ اشتہار دیتے ہوئے کہا۔

"اس کو پڑھ کر جلدی سے قربانی کر دیجئے بڑی دیر ہو رہی ہے"

ہم نے وہ اشتہار اس طرح لیا گویا وارنٹ گرفتاری بلکہ پھانسی کا تحریری حکم، اور مری ہوئی چال سے وہاں پہنچے۔ اس ظالم قصائی کے پاس جو بیٹھا چھریوں سے کھیل رہا تھا۔ اس نے ہم کو تیار دیکھ کر بکرے کو کھونٹے سے کھولا اور ہم کو ایک چھری پکڑا دی۔ یہ چھری بالکل معمولی سی تھی، یعنی یہ بہت لمبی چوڑی اور نہ زیادہ وزنی لیکن نہیں معلوم کیا بات تھی کہ ہمارے ہاتھ میں ایک قسم کا رعشہ پیدا ہو گیا۔ اور چھری ہماری گرفت سے نکلی جاتی تھی۔ قصائی نے ہم کو بیوقوفوں کی طرح کھڑا دیکھ کر کہا: "پڑھیئے دعا" اور ہم نے اس کی فرمابرداری کے ساتھ تعمیل کی۔ گویا وہ ہمارا کسی وقت کا استاد تو تھا۔ خدا جانے ہم نے مسجد کی مرمت والی اپیل پڑھی یا قربانی کی کھالوں کا مطالبہ بہر حال یہ تو اچھی طرح یاد ہے کہ اس گھبراہٹ کے موقع پر ہم سے دعا کی عربی مہارت سے نہیں پڑھی گئی تھی اور نہ ہی ہجے کرنے کا موقع تھا۔ ہم تو خدا جانے کب تک اشتہار پر نظریں جما کر کھڑے رہتے لیکن جب قصائی نے تقاضے کے طور پر ہم سے پوچھا "پڑھ چکے؟" تو مجبوراً گردن ہلا کر "ہوں" کر دینا پڑا۔ یہ سنتے ہی وہ ظالم بکروں کی طرف جھپٹا کہ ہمارے ہاتھوں والا رعشہ برقی رو کی طرح تمام جسم میں پھیلتا ہوا پیروں تک پہنچ گیا اور چھری بھی ہمارے

ہاتھوں میں گت ناچنے لگی کہ گویا ہم دانستہ اس کو نچا رہے ہیں۔ قصائی نے بکرے کے ہاتھ پیر یعنی چاروں ٹانگیں پکڑ کر دھم سے گرا دیا اور ہم گرتے گرتے بچے، اس نے اپنا چار خانے والا سرخ رومال کندھے سے اتار کر بکرے کی آنکھوں پر ڈال دیا۔ حالانکہ اس کو ہماری آنکھوں پر پٹی باندھنی چاہیے تھی۔ لیکن ہم نے سوچا کے ہم منہ دوسری طرف پھیر لیں گے۔

قصائی نے کہا کیجئے:"بسم اللہ۔ اللہ اکبر" ہم نے ذرا رعشہ کو دور کرنے کی کوشش میں رعشہ کو اور بھی بڑھا کر نہایت معصومیت سے پوچھا۔ "پھیر دیں چھری"

اس نے کہا "میاں کہہ تو رہا ہوں پھیرئے نا۔

"بسم اللہ، اللہ اکبر" چھری ہمارے ہاتھ سے گر پڑی اور ہم نے ادھر اُدھر دیکھ کر جلدی سے تین چار بار اٹھانے کی کوشش کرنے کے بعد اس کو اٹھایا اور از سر نو اپنے آپ کو قربانی کیلئے تیار کرنے لگے۔

بیگم نے چلمن کے پیچھے ہی سے کہا:" آپ کیا کر رہے ہیں؟ جلدی سے چھری پھیر کر چھٹی کیجئے۔

ہم نے اب کے دل مضبوط کر کے منہ ادھر پھیرا اور چھری چلائی۔ قصائی نے کہا۔" بسم اللہ، اللہ اکبر"

"میاں ادھر، میاں ادھر۔"

ہم پھر سنبھل کر کھڑے ہو گئے۔ قصائی نے ہمارا منہ دیکھ کر کہا۔" حضور ڈرنے کی کوئی بات نہیں" اس کا یہ کہنا ہی تھا کہ گویا ہم پر سینکڑوں جوتے پڑ گئے۔ ہم نے زبردستی کی ہنسی جس کو کھسیانی ہنسی کہتے ہیں، ہنس کر کہا۔ "اس میں ڈرنے کی کون سی بات ہے؟"

وہ نامعقول بد تمیز کہیں کا کہنے لگا مگر آپ تو ایسے ہی ڈر رہے ہیں۔ "شائد یہ پہلی

مرتبہ قربانی کر رہے ہیں؟"

ہم نے جل کر کہا" اور نہیں تو کیا تمھاری طرح خاندانی قصاب ہیں؟"

کہنے لگا۔"حضور میں یہ نہیں کہتا میرا مطلب تو یہ ہے کہ آپ ذرا ہمت سے کام لے کر بس چھری پھیر دیں۔ جس قدر آپ دیر کریں گے ڈر اور بڑھے گا۔"

اس سے پہلے کہ ہم اس بد تمیزی کا کوئی معقول جواب دیں بیگم نے پکار کر کہا۔

ادھر آیئے"ہم نے کہا کہ خیر ہے اتنی دیر کی مہلت اور مل گئی لیکن بیگم نے بلا کر جب یہ کہا کہ خدا کے واسطے قصاب کے سامنے تو بزدلی نہ دکھایئے بس دل یہ چاہا کی اپنی ہی گردن پر چھری پھیر کر اس قصے کو ختم کر دیں۔ لیکن جس سے ایک جانور کی جان نہ لی جاتی ہو وہ اپنی جان کیا دیتا۔

لہٰذا یہ تجویز بھی یوں ہی رہ گئی اور ہم تن تناتے قصائی کے پاس یوں گئے گویا اب کے اس کو بھی ذبح کر دیں گے۔ اور بکرے کو بھی جاتے ہی کہا:"ہاں تو کیا اب پھیر دوں چھری؟"اس نے تیار ہو کر کہا:"جی ہاں پھیریئے، بسم اللہ، اللہ اکبر۔"

اب کے اس بکرے کو جو شرارت سوجی تو لگا ٹانگیں اچھالنے۔ اب آپ ہی بتایئے چھری پھیرنا کس طرح ممکن تھا۔ پھیرنے کو تو ہم پھیر دیتے لیکن اگر تڑپنے میں ہمارا ہاتھ بہک جاتا اور چھری خدانخواستہ کہیں اور لگ جاتی تو کیا ہوتا۔ لہٰذا ہم نے قصائی کو ہدایت کی کہ پہلے بکرے کو قابو میں لائے اس کے بعد ہم چھری پھیریں گے لیکن اس گدھے نے کہا"اجی آپ تو بس چھری پھیر دیں۔ اس کو ٹانگیں اچھالنے دیجئے۔"

ہم نے غصے سے اس کو ڈانٹ کر کہا:" تم بھی عجیب بیوقوف ہو۔ اس طرح میں چھری کیسے پھیر دوں۔"

یہ لوگ بڑے منہ پھٹ ہوتے ہیں چنانچہ بد تمیزی تو دیکھئے کہ ترکی بہ ترکی جواب

دیتے ہوئے اس گستاخ نے کہا۔ "تو پھر جانے دیجئے"

اس جواب پر ہم سے ضبط نہ ہو سکا اور ہم چھری وہیں پھینک کر کمرہ میں چلے آئے اور بیگم سے صاف کہہ دیا کہ "اب تم قربانی کرو۔ میں تو اس بد تمیز قصائی کی گستاخیاں برداشت نہیں کر سکتا۔ بیگم کا ہمیشہ سے یہ دستور ہے کہ ہمارے مقابلے میں قصائی تو کیا، انہوں نے قصائی کی بے جا طرفداری کی اور کہنے لگیں۔ "اس نے ایسی کون سی بات کی جو آپ کو اس قدر غصہ آگیا۔؟"

مارے غصے کے ہمارے منہ سے جھاگ نکلنے لگا۔ اور واقعی غضب کی بات بھی ٹھیکہ اپنی بیوی اپنی شریک رنج و راحت اپنی رفیقہ حیات اور طرف داری کرے غیروں کی اور غیر بھی کون۔۔۔۔۔؟ قصائی۔۔۔۔۔!" ہم نے غصے سے بے قابو ہو کر کہا کہ کوئی بات ہی نہیں؟ کوئی بات ہی نہیں؟؟؟"

اور یہ بد تمیزی کس نے کی تھی؟ کیا میں نے؟؟؟"

ہم کو جلانے کیلئے زہر میں بجھے ہوئے تبسم کے ساتھ فرمایا۔ "آخر یہ کون سی بد تمیزی تھی کہ وہ آپ سے قربانی کے لئے کہہ رہا تھا۔ اور آپ تھے کہ؟ چھری ہی نیں پھیر سکتے تھے"

ہم نے اسی تیزی سے کہا: "تو قربانی کرنے کیلئے اس بد تمیزی اور گستاخی اور بڑے پن سے کہا جاتا ہے۔ اب ہم نہ کریں گے قربانی، تم ہی کرو، تم ہی کو مبارک۔"

بیگم نے اپنے مخصوص مشتعل کن انداز سے کہا: "یہ تو خیر قربانی نہ کرنے کا بہانہ ہے۔"

ہم نے کہا "بہانہ ہے۔؟"

کہنے لگیں "اور کیا بہانہ ہی تو ہے"

اب اس الزام کو اپنے اوپر عائد ہوتا دیکھ کر خاموش رہنا ہمارے اختیار سے باہر تھا۔ لہٰذا ہمارے جوش کے کمرے سے نکل کر قصائی کے پاس پہنچے اور ڈانٹ کر کہا "لاؤ چھری"

وہ بیگم کی شہ پاکر اور بھی بد تمیز ہو چکا تھا۔ کہنے لگا "لیجئے چھری"

ہم نے اس کو آنکھوں ہی آنکھوں میں کھاجانے والے انداز سے گھور کر چھری لے لی۔ اور منہ پھیر کر جیسے ہی چھری پھیرنے کے لئے قصائی نے کہا: "بسم اللہ، اللہ اکبر" اور ہم نے دانت کٹکٹا کر چھری پھیر دی۔ چھری کا پھرنا تھا کہ بکرا تو گڑبڑا کر ایک طرف بھاگا اور قصائی نے "ہائے اللہ مار ڈالا ہائے اللہ مار ڈالا۔" کے شور سے گھر سر پر اٹھالیا۔ کچھ دیر تک تو ہماری سمجھ میں کچھ نہیں آیا کہ کیا واقعہ ہوا ہے۔ لیکن بعد میں معلوم ہوا کہ چھری اتفاق سے بجائے بکرے کی گردن پر پھرنے کے قصائی کے ہاتھ پر پھر گئی تھی۔

اور اس کے ہاتھ سے خون کا فوارہ جاری تھا اور وہ تڑپ رہا تھا۔

ہم تھے کہ چوروں کی طرح چھری لئے کھڑے تھے اور بیگم تھیں کہ چلمن کے اندر ہی پیچ و تاب کھا رہی تھیں۔ ادھر تمام محلہ ہمارے دروازے پر جمع تھا اور خدا جانے سب ہماری طرف انگلیاں اٹھا اٹھا کر کیا کہہ رہے تھے۔

بہر حال ہم شرم کے مارے گڑے جاتے تھے اور وہ مکار قصائی کچھ تو اصلی اور کچھ ہمدردی حاصل کرنے کے لئے نقلی شور مچا رہا تھا۔ وہ دن اور آج کا دن کہ بیگم نے ہم سے کبھی قربانی کے لئے نہیں کہا۔

(۸) شادی حماقت ہے

شوکت تھانوی

شادی کے بعد سے اس بات پر غور کرنے کی کچھ عادت سی ہوگئی ہے کہ شادی کرنا کوئی دانشمدانہ فعل ہے یا حماقت! یعنی اگر یہ دانشمندی ہے تو پھر بعض اوقات اپنے بے وقوف ہونے کا بے ساختہ احساس کیوں ہونے لگتا ہے اور اگر یہ حماقت ہے تو اس حماقت میں دنیا کیوں مبتلا نظر آتی ہے۔ آپ کہہ سکتے ہیں کہ اگر یہ کوئی غور کرنے کی بات تھی تو شادی سے پہلے غور کیا ہوتا۔ مگر میرا خیال یہ ہے کہ غور کرنے کا شعور عام طور پر شادی کے بعد ہی پیدا ہوتا ہے۔ ورنہ اس دنیا سے شادی کی رسم کب فنا ہو چکی ہوتی۔ یہاں تک پہنچنے کے بعد ایک سوال اور پیدا ہوتا ہے۔ وہ یہ ہے کہ شادی ہو چکنے کے بعد اس پر غور کرنے سے فائدہ ہی کیا ہے۔ اس کا جواب یہ ہے کہ اس کا فائدہ ایک شادی شدہ انسان کو تو خیر نہیں پہنچ سکتا۔ لیکن خلق اللہ کو فائۂ پہونچنے کا قوی امکان موجود ہے۔ جس طرح دنیا کے تمام تجربے حاصل کرنے والے بنی نوع انسان کے محسن ہیں۔ اسی طرح ہم شادی شدہ لوگ بھی آئندہ نسلوں کے محسن ہوسکتے ہیں۔ بشرطیکہ وہ نسلیں؛

دیکھیں ہمیں جو دیدۂ عبرت نگاہ ہو

یقیناً وہ عظیم المرتبت شخص ہم سب کا محسن تھا جس نے سب سے پہلے زہر کھا کر مرنے کا تجربہ کیا اور دنیا کو زہر کے متعلق یہ شعور عطا کیا کہ اس کے کھانے سے آدمی مرجاتا ہے۔ چنانچہ ہم نے بھی شادی اس لیے کی ہے کہ غیر شادی شدہ ہم کو دیکھیں کہ

شادی کرنے کے بعد انسان وہ ہو جاتا ہے جو ہم ہو گئے ہیں۔

شادی تو خیر ایک مستقل مبحث بلکہ ایک فن مکمل ہے۔ اس صحرا کا صرف ایک ذرّہ اور اس قلزم کا صرف قطرہ اس وقت موضوع بحث ہے۔ یعنی بیوی بھی نہیں بلکہ بیوی کے رشتہ دار، اب اگر آپ اس ذرّے کی وسعتوں اور اسی قطرہ کی گہرائیوں پر غور کریں تو چیخ اُٹھیں گے۔

اسی قطرہ میں دریا ہے اسی ذرّے میں صحرا ہے۔ بیوی کے رشتہ دار ایک شادی شدہ انسان کے لئے عام طور پر سانپ کے منھ والی چھچھوندر ثابت ہوتے ہیں جن کو نہ اُگلا جائے نہ نگلا جاسکتا کہ وہ بیوی کے رشتہ دار ہیں۔ اور نگلا اس لئے نہیں جاسکتا کہ اپنے رشتہ دار نہیں ہیں۔ اپنے رشتہ داروں کے متعلق ایک آدمی کو ہر وقت اُگلنے یا نگلنے کا اختیار حاصل رہتا ہے۔ اُن سے دل خوش ہے، طبیعت میل کھا رہی ہے۔ دل قبول کر رہا ہے تو تعلقات قائم ہیں، ورنہ بہانہ ڈھونڈھ کر لڑ لئے۔ وہ اپنے گھر خوش ہم اپنے گھر خوش، لیکن بیوی کے رشتہ داروں کے متعلق تو یہ گویا ایک طے شدہ بات ہے کہ اُن سے ہر حال میں تعلقات رکھنا ہیں۔ اُن سے خلوص کا اظہار کرنا ہے، ان کی مدارات میں دل، جگر اور آنکھوں کے فرش بچھا کر اُن پر جذبات کے گاؤ تکیے لگانا ہیں۔ اگر وہ بڑے ہیں تو سعادت مندی کے ان کو وہ جوہر دکھانا ہیں جو خود اُن کی ذاتی اولاد سے ممکن نہ ہوں۔ اگر برابر کے ہیں تو محبت کا وہ اظہار کرنا ہے کہ بھی منافقت کے قائل ہو جائیں۔ اگر چھوٹے ہیں تو اس قسم کی شفقت کرنا ہے جس میں گستاخی کا کوئی امکان نہ ہو۔

البتہ اگر ادب کا پہلو نمایاں ہو جائے تو چنداں مضائقہ نہیں ہے۔ آپ کو معلوم ہے کہ اس قسم کی زبردستی اور نفس کشی سے ایک انسان کس حد تک جرائم پیشہ ہو جاتا ہے۔ یعنی اس کی اخلاقی جرأت فوت ہو جاتی ہے، ضمیر کی زبان پر فالج گر جاتا ہے۔ سچائی کے

عالم میں آجاتی ہے، ایمانداری اختلاج میں مبتلا ہو جاتی ہے اور بحیثیت مجموعی وہ انسان اگر کچھ باقی رہ جاتا ہے تو صرف منافق، دروغ باف، اور ایک حد تک ڈرپوک بھی۔ لیکن کچھ بھی ہو اگر اس کو بیوی پیاری ہے تو بیوی کے رشتہ داروں سے اچھے تعلقات رکھنا ہی پڑتے ہیں۔ خواہ دل ہی دل میں وہ خودکشی یا فرار کے امکانات پر کتنا ہی غور کیوں نہ کرے۔

بیوی کے رشتہ داروں کی بھی عجیب عجیب قسموں سے ایک بیوی والے کو دوچار ہونا پڑتا ہے۔ ان میں سے موت کا درجہ تو کم و بیش سب ہی کو حاصل ہوتا ہے۔ لیکن بعض ہوتے ہیں محض موت، بعض ناگہانی موت، بعض غریب الوطنی کی موت اور بعض ہر حال میں ملک الموت، محض موت تو خاص خاص لوگ ہوتے ہیں جن کا ایک انسان تقریباً عادی ہوجاتا ہے مثلاً بیوی کے والد، بھائی، ماں، خالہ، چچا، چچی، ماموں اور ممانی وغیرہ۔ ناگہانی موت وہ رشتہ دار ہوتے ہیں جن کا کوئی علم ہی نہیں ہوتا۔ بس دفتر سے آکر یہ معلوم ہوتا ہے کہ باورچی خانہ میں مرغ مسلّم پک رہا ہے۔ نعمت خانہ میں فیرینی کے پیالے چنے ہوئے ہیں۔ اور گھر کے تمام نوکر پلاؤ سے کشتی لڑ رہے ہیں۔ دریافت کرنے پر پتہ چلتا ہے کہ خسر صاحب کے کوئی پھوپھی زاد بھائی جنوبی افریقہ سے تشریف لائے ہیں چنانچہ صحن میں قالین بچھے ہوئے، تخت پر گاؤ تکیہ سے لگے ہوئے حقہ پیتے اور پان چباتے ایک سند باد جہازی نظر آتے ہیں۔ جن کے سامنے بیوی صاحبہ پان پر پان اور الائچیوں پر الائچیاں رکھتی نظر آتی ہیں۔ مجبوراً نہایت ادب سے آداب عرض کرنا پڑتا ہے۔ جس کے جواب میں یہ فرعون مصر فرماتے ہیں۔

"سلامت رہو میاں، آؤ بیٹھو، بڑی طبیعت خوش ہوئی تمھیں دیکھ کر۔ برخوردار من یہ عجیب طریقہ ہے تمہارے یہاں کا کہ صبح سے غائب اب آئے ہو شام کو۔"

عرض کیا کہ "دفتر کے اوقات کچھ ایسے ہی ہیں۔"

نہایت رعونت سے فرمایا، "دراصل ملازمت غلامی کا دوسرا نام ہے۔ ہمارے خاندان میں سب تجارت پیشہ ہیں۔ اب یہ ان لڑکیوں کی قسمت تھی۔ کہ ان کو ملازمت پیشہ بر ملے۔ اور دراصل تجارت کا کہنا ہی کیا۔ انسان بادشاہی کی حد تک ترقی کر سکتا ہے۔ جنوبی افریقہ میں تمہاری دعا سے پہلے ایک چائے اسٹال تھا میرا، اب دو ہوٹل ہیں اور خوب چل رہے ہیں۔ بھائی صاحب کو دیکھو، یعنی اپنے خسر کو لیس بیل فیتہ وغیرہ بیچتے تھے مگر اب خدا کے فضل سے محض دوکان کا کرایہ دیتے ہیں۔ آٹھ روپیہ ماہوار تو مطلب یہ کہ تجارت کچھ اور ہی چیز ہے۔ بہر حال کیا تنخواہ ملتی ہے؟"

عرض کیا، "پچاسی روپے۔"

نہایت حقارت سے ان بساطی کے بھائی ہوٹل والے صاحب نے فرمایا، "اس قدر آمدنی تو ایک تانگہ رکھ کر اور کرایہ پر چلا کر بھی ہو سکتی ہے۔" اب بیوی کو جو رحم طلب نظروں سے دیکھا تو وہ گویا اپنے افریقین چچا جان کی تائید میں تھیں، نتیجہ یہ ہوا کہ زہرہ گھونٹ پی کر اور ان کے ساتھ مرغ پلاؤ اور فیرینی کھا کر رہ گئے۔

ایک تو آئے دن کی مصیبت یہ ہے کہ سوسائٹی میں ہر وقت کے طعنے ہیں کہ سینے جناب آپ کے خسر تو بڑے گراں فروش ہو گئے ہیں۔ سیپ کے بٹن تمام دنیا میں چار آنے درجن مل رہے ہیں، اور وہ دیتے ہیں پانچ آنہ درجن، اب کون ان پڑھے لکھے دوستوں کو سمجھائے کہ بھائی ان کو گھما پھرا کر بساطی نہ کہو۔ ملک التجار کہو، بہر حال اس قسم کی باتوں کی تو خیر عادت پڑ جاتی ہے۔ مگر یہ بھانت بھانت کے ناگہانی رشتہ دار جو ٹپکتے رہتے ہیں ان کا آخر کیا علاج اور ان سے بھی زیادہ لاعلاج وہ قسم ہے جس کو غریب الوطنی کی موت عرض کیا ہے۔ بیوی کے یہ رشتہ دار غربت میں بہت ستاتے ہیں۔ فرض کر لیجئے

کہ آپ بسلسلۂ ملازمت یا بسلسلہ شامت کہیں باہر گئے ہوئے ہیں۔ بڑے لئے دیئے بیٹھے ہیں۔ دل مطمئن ہے کہ یہاں کسی کو یہ خبر نہیں کہ ہم بساطی کے داماد ہیں کہ یکایک ایک صاحب داڑھی چڑھائے لٹھ ہاتھ میں کچھ چوروں کی سی وضع قطع تشریف لے آئیں گے اور اتنی زور سے السلام علیکم کریں گے کہ آپ اُچھل پڑیں۔ اب وہ گل افشانی شروع کر دیں گے کہ "ارے بھائی یہاں آئے اور خبر تک نہ کی۔ ہم لاکھ غریب ہیں مگر پھر بھی تم ہمارے دل و جگر ہو میں تمہارے خسر صاحب کی حقیقی خالہ کا داماد ہوں۔ اس قدر قریب کے عزیز اور یہ بیگانگی اور جو یہ کہو کہ میرا پتہ نہ تھا تو میاں یہ بات میں ماننے کا نہیں، اسٹیشن پر جس تانگہ والے سے پوچھ لیتے کہ بھائی تمہارے چودھری کہاں رہتے ہیں وہ پتہ بتا دیتا۔" اب بتایئے کہ ان چودھری صاحب کے پردیسی داماد کا سارا وقار اس غریب الوطنی میں کس کی بغلیں جھانکتا پھرے اور جو سکہ یہاں جمانا چاہتے تھے اس کی کھوٹ معلوم ہو جانے کے بعد اپنی قیمت کیونکر قائم رکھی جائے۔

خیر یہ صورتیں تو ایسی حالت میں پیدا ہوتی ہیں کہ آدمی ضعف بصر کے ماتحت یا تو اپنے سے پست درجہ کے لوگوں سے سسرالی تعلقات پیدا کرنے یا دماغ کی خرابی کے ماتحت بلا وجہ خود اپنی اصلیت چھپا رہا ہو اور وہ اس طرح بے نقاب ہوتی ہے۔ لیکن ایسی صورتیں اگر نہ بھی ہوں تو سسرالی رشتہ دار کچھ عجیب خدائی فوجدار قسم کے لوگ تو ضرور ہی ثابت ہوتے ہیں۔

ہمدردی وہ اس لیے نہیں کر سکتے کہ اپنے نہیں ہوتے اور نکتہ چینی اس لیے اپنا فرض سمجھتے ہیں کہ ہم ان کی ایک عزیزہ کے نہایت خاص قسم کے رشتہ دار ہوتے ہیں۔ یعنی وہ اچھی طرح ٹھونک بجا کر اس قابل تو سمجھ لیتے ہیں کہ اپنی عزیزہ کی شوہری کے اعزاز سے ہم کو سرفراز کر دیں۔ مگر یہ اندیشہ ان کو قدم قدم پر رہتا ہے کہ ممکن ہے ان کی نظر

انتخاب نے دھوکا کھایا ہو۔ بہر حال پہلے تو وہ رسمی طور پر اپنی عزیزہ کا شوہر بنا دیتے ہیں۔ اس کے بعد عملی طور پر گویا شوہر بننے کی ٹریننگ دیتے رہتے ہیں۔ شوہر غریب، نسبت سے لے کر شادی تک اور شادی سے لے کر موت تک یہی سمجھتا رہتا ہے کہ اس نے اپنے کو صرف ایک ہستی سے وابستہ کیا ہے۔ لیکن اُس کی یہ غلط فہمی طرح طرح سے دور کی جاتی ہے اور اس کو بتایا جاتا ہے کہ نکاح تو صرف ایک سے ہوا۔ مگر نباہ اُن سب سے کرنا ہے جو کسی نہ کسی حیثیت سے بیوی کے رشتہ دار ہیں یا ہو سکتے ہیں یا سمجھے جاسکتے ہیں۔ یا سمجھے جانے کا کوئی بھی امکان موجود ہے۔ ان رشتہ داروں سے نباہ بھی مر کھپ کر گوارا کر لیا جائے۔ مگر ہوتا عام طور پر یہ ہے کہ نباہ اخلاقی، تمدنی، معاشرتی، اقتصادی اور معاشی ہر حیثیت سے اول تو ناممکن ہوتا ہے اور اگر ممکن بنا بھی لیا جائے تو بہت گراں رہتا ہے۔ مثلاً اخلاقی حیثیت سے یوں گمراں ثابت ہوتا ہے کہ ان کی ہر بد اخلاقی کو سراہنا آخر کیوں کر ممکن ہے۔

تمدنی اور معاشرتی حیثیت سے یہ نباہ اس لیے گراں بیٹھتا ہے کہ اپنا تمدن اور اپنی معاشرت چھوڑ کر ان کے رنگ میں رنگ جانا اول تو ایک قسم کی زن مریدی ہے۔ دوسرے یہ بھی کوئی ضروری بات نہیں کہ وہ تمدن اور وہ معاشرت قابل قبول بھی ہو۔

فرض کر لیجیے کہ وہ لوگ پہلوان ہیں۔ اب بتائیے کہ ہم اپنی معاشرت میں ڈنٹر اور مگدر کیوں کر شامل کر سکتے ہیں۔ اقتصادی حیثیت کا پوچھنا ہی کیا جتنی تقریبیں، شادیاں، کن چھیدن، دودھ بڑھائی، مونچھوں میں، کونڈے، منگنیاں اور حد یہ ہے کہ موتیں ان سسرالی رشتہ داروں میں ہوتی ہیں۔ اتنی اپنے رشتہ داروں میں کبھی نہیں ہوتیں، اس لیے کہ اپنے رشتہ دار تو گنے گنائے محدود ہوتے ہیں۔ مگر ان سسرالی رشتہ داروں کا تو کوئی شمار نہیں ہوتا۔ پھر یہ کہ ہر تقریب میں بیوی کا جانا اور شوہر کا اس سلسلہ میں مقروض

ہونا برحق ہوتا ہے۔ تاکہ سسرال میں بات بنی رہے۔ خواہ مہاجن بات کا بتنگڑ بنالے۔ معاشی حیثیت کا ذکر میں نے اس لیے کیا ہے کہ بہت سے داماد قسم کے یتیم لوگ یا تو سسرالی پیشہ اختیار کرنے پر مجبور کردیئے جاتے ہیں۔ یا کم سے کم سسرالی بزرگوں کے مشورے سے کسی ملازمت سے مستعفی ہونے یا کسی ملازمت کی امیدواری کرنے کا فیصلہ ضرور کرتے ہیں۔ ان تمام امور کے علاوہ ایک سب سے بڑی بات یہ بھی ہوتی ہے کہ سسرالی رشتہ داروں کی تبلیغ سے اپنے رشتہ داروں سے آدمی دور ہوجاتا ہے۔ خیریت اسی کو سمجھئے کہ امن وسکون سے تعلق ختم اور وہ استوار ہوتا رہے۔ ورنہ اس سلسلہ میں فوجداریاں تک دیکھی اور سُنی ہیں اور کیا عجب ہے کہ کبھی ان ہی فوجداریوں کی ذاتی طور پر نوبت آجائے اس لئے کہ لاکھ سمجھدار سہی مگر پھر بھی آخر شادی شدہ تو ہم ہیں ہی۔

(۹) آزادی کا شوق

شوکت تھانوی

میں آپ سے عرض کروں کہ مجھ کو آزادی کا پہلے پہل کب شوق ہوا ہے؟ یہ ایک تفصیل طلب واقعہ ہے۔ اور میرا جی چاہتا ہے کہ یہ تفصیل پیش کر ہی دوں۔ خواہ آپ زندگی سے یا کم از کم مجھ سے بیزار ہی کیوں نہ ہو جائیں۔ مگر ہو جانے دیجیے میرا یہ شوق پورا۔

بات اصل میں یہ ہے کہ میں ذرا اپنے سسرال جارہا تھا۔ سسرال سے میرا مطلب یہ ہے کہ میری شادی تو خیر اب تک وہاں ہوئی نہیں، مگر نسبت بالکل طے تھی اور میری آؤ بھگت بڑے زور شور سے ہو رہی تھی۔ یہ بات تو آپ کو معلوم ہی ہو گی کہ جس شخص کی شادی ہونے والی ہوتی ہے۔ وہ خواہ کتنا ہی زمین پر چلے مگر پیر آسمان پر ہی پڑتے ہیں۔ بات یہ ہے نا کہ اس کو ایک دم یہ احساس ہوتا ہے کہ آخاہ ہم بھی کسی قابل ہیں۔ پھر سسرال والے کچھ اس طرح دیدہ و دل فرش راہ کرتے ہیں کہ اگر آدمی ذرا بھی بیوقوف ہو تو پیغمبری کا دعویٰ کر بیٹھے۔ عرض کرنے کا مطلب یہ ہے کہ کچھ اسی قسم کے اشرف المخلوقات ہونے کے وہم میں ان دنوں میں بھی مبتلا تھا۔ اور بہانے ڈھونڈ کر سسرال پہنچا کرتا تھا۔ جامہ زیبی بھی اس زمانے میں مجھ پر ختم تھی۔ آرائش جمال کے لیے کیا کیا جتن کیے جاتے تھے۔ اور مقصد ہوتا تھا صرف یہ کہ ہونے والی سسرال جانا ہے۔ خیر یہ تو بات سے بات نکل آئی۔ عرض یہ کر رہا تھا کہ میں ذرا سسرال جارہا تھا۔ بال بال موتی

پروے سولہ سنگھار بتیس پٹار کیئے کہ ایک چوراہے پر معمولی سے ایک کانسٹبل نے ہاتھ پھیلا کر مجبور کر دیا کہ بائیسکل سے اتر پڑوں، کاش یہ کانسٹبل ذرا میری ہونے والی سسرال تک زحمت کرتا اور اندازہ کر سکتا کہ جس عظیم المرتب شخصیت کو اس نے اس رعونت سے روکا ہے وہ کس پایہ کا انسان ہے۔

بہرحال سائیکل سے اترنا پڑا۔ اور اب اس کے روکے جانے کی وجہ یہ معلوم ہوئی کہ دور سے ایک ولایتی گورا اپنی بائیسکل پر آرہا تھا۔ کیوں صاحب کیا یہ نہیں ہوسکتا تھا کہ مجھ کو گزر جانے دیا ہوتا۔ اور اس گورے کو جو اپنی سسرال بھی نہیں جارہا تھا۔ روک لیا جاتا؟ بائیسکل سے اترنے کے زندگی میں پہلی مرتبہ اس خیال نے انگڑائی لی۔ کہ یہ گورا مجھ سے زیادہ معزز ہے۔ اور اس کے مقابلہ میں میری حیثیت صرف یہ ہے کہ میں اس کے لیے روکا جاؤں۔ اس لیے کہ میں غلام ہوں اور وہ آقائی کرنے والی قوم کا ایک فرد ہے۔

خیال تو بڑا باغیانہ تھا مگر اس کانسٹبل بیچارے کو کیا معلوم کہ یہ راہ گیر اس وقت اس قسم کی باتیں سوچ رہا ہے۔ نتیجہ یہ کہ جب وہ گورا نہایت بازاری انداز سے سیٹی بجاتا ہوا اپنی بائیسکل پر گزر گیا۔ تو کانسٹبل صاحب نے گھوم کر مجھ کو بھی اس ادا سے گزرنے کا اشارہ کیا گویا سرکار گزر گئے ہیں۔ اب درباری بھی سڑک پار کر سکتے ہیں، میں سڑک تو خیر پار کر گیا۔ مگر اب دماغ میں اسی قسم کے خیال ابل رہے تھے۔ کہ سات سمندر پار کی قوم یہاں آکر ہم پر اس طرح حکومت کرے کہ ہماری ہی سڑک، ہمارا ہی بھائی کانسٹبل اور حکم چل رہا ہے اس گورے کا۔ مقدر ہے وہی منہ سے سیٹی بجا بجا کر بائیسکل چلانے والا گورا جس کی چقندر نما بانہوں پر اودے اودے خوفناک سانپ اور اژدہے گدے ہوئے تھے۔ مگر اس کے باوجود کیا دبدبہ تھا۔ کیا خود اعتمادی تھی۔ اور کس فاتحانہ شان سے گزرا ہے۔ اور کس غلامانہ عجز سے مجھ کو دیکھنا پڑا ہے۔

اس کا یہ تحکم۔ کچھ غصہ کچھ غیرت اور زیادہ تر حماقت میں مبتلا۔ احتجاجاً بائیسکل پر سوار نہیں بلکہ بائیسکل کو ٹہلاتا ہوا ان خیالات میں چلا جارہا تھا۔ کہ ادھر سے آنکلا ایک جلوس نعرے بلند کرتا ہوا۔ "بن کے رہے گا پاکستان، بٹ کے رہے گا ہندوستان۔" ایک سبزہ آغاز، سبزہ پوش، سبز علم لیے ہوئے صاحب میرے قریب ہی آکر جان پر کھیل کر چیخے۔ "آزادی" اور بیشمار آوازوں نے ایک آواز میں کہا "یا موت۔" چوٹ کھایا ہوا دل تو تھا ہی۔ میں نے بھی دل ہی دل میں کہا۔ "واقعی آزادی یا موت۔" اور اس آزادی یا موت نے ایسا گھیرا کہ اب میں بھی اس سمندر میں ایک قطرہ بن کر گرا اور سمندر بن گیا۔ سسرال جانے کے بجائے اب میں اس جلوس کے ساتھ اس میدان میں پہنچ گیا جہاں جلوس یکایک جلسہ بن گیا۔ اللہ اکبر۔ پاکستان زندہ باد۔ آزادی یا موت وغیرہ کے نعرے بلند ہوئے اور پھر جو تقریریں شروع ہوئی ہیں تو رات کے گیارہ بجے میں اپنے بستر پر لیٹا ہوا یہ غور کر رہا تھا کہ آزادی ملنے کے بعد بیوی کو سہاگن بنانا مناسب رہے گا۔ یا آزادی ملنے سے پہلے ہی بیوی کو بیوہ بنانا ٹھیک رہے گا۔

اس قسم کی باتیں تو فوراً طے ہوا نہیں کرتیں۔ بڑی کشمکش میں مبتلا ہونا پڑتا ہے انسان کو، مگر اس گورے والے واقعہ نے وہ کاری ضرب لگائی تھی۔ کہ پھول کی پتی سے پتھر کا جگر کٹ چکا تھا۔ اور مجھ اور مجھ ایسے مرد نادان پر بھی اس کا خرام نرم و نازک اثر کر چکا تھا۔ نتیجہ یہ کہ صبح میں مسلم لیگ کے دفتر میں تھا۔ اور کوشش یہی تھی کہ اول تو یہ لوگ مجھ کو ابھی اپنے کندھوں پر اٹھا کر میرا جلوس نکالیں۔ ورنہ کم سے کم محلہ کمیٹی ہی کا صدر بنادیں۔ مگر جگہ فی الحال رضاکاروں میں وہ بھی اس طرح پر کہ اپنی وردی میں خود بنواؤں۔ چنانچہ منظور کرلی یہ شرط بھی، اور آزادی کی جدوجہد میں ایک ادنیٰ سپاہی کی حیثیت سے شامل ہوگئے۔ اس لیے کہ مقصد دراصل کوئی عہدہ یا مرتبہ نہ تھا بلکہ آزادی

تھی۔ لیجیے صاحب اب ہو گئیں شروع قومی سرگرمیاں، آج اس جلوس میں شرکت کرنا ہے۔ کل اس جلسہ میں ڈیوٹی ہے۔ آج یہاں پہرہ دے رہے ہیں۔ کل وہاں قواعد کر رہے ہیں۔ مگر دل کو یہ اطمینان ضرور تھا کہ یہ سب کچھ حصول آزادی کے لیے کر رہے ہیں۔ سب سے بڑا امتحان جو دینا پڑا وہ یہ تھا کہ ایک جلسہ میں سبز وردی پہنے ڈنڈا ہاتھ میں لیے پہرہ دے رہے تھے کہ ہونے والے خسر صاحب جو ادھر سے گزرتے ہیں۔ تو اپنی بیٹی کے مجازی خدا کو رضاکار دیکھ کر سکتے کے عالم میں آگئے۔ پہلے تو کچھ دیر تک بول ہی نہ سکے۔ اس کے بعد بمشکل تمام یہ فرمایا، "میاں یہ تم۔۔۔"

عرض کیا"جی ہاں۔"بات یہ ہے کہ : ہر فرد ہے ملت کے مقدر کا ستارہ

وہ ٹھہرے آنریری مجسٹریٹ۔ خطاب کے لیے کلکٹر نے بھیج رکھی ہے سفارش۔ وہ اس چاند ستارہ کو بھلا کیا جانیں۔ ان کے جانیں دشمن، کچھ عجیب شش و پنج کے عالم میں بولے۔"اور اگر آپ کے والد صاحب قبلہ کو اس کی خبر ہو گئی تو۔"

یہ تو میں نے کبھی نہ سوچا تھا کہ واقعی اس اطلاع کے بعد والد صاحب خودکشی کرنا مناسب سمجھیں گے۔ یا مجھ کو ہی عاق کر دینا کافی سمجھ کر صبر کریں گے۔ البتہ اس وقت میں یہ غور کر رہا تھا کہ ملت کا رضاکار بننا زیادہ برا ہے یا کسی کلب میں برج کھیلتے ہوئے پایا جانا۔ مجھ کو غور کرتا ہوا چھوڑ کر خسر صاحب تو روانہ ہو گئے، مگر دوسرے ہی دن "خسر شپ" سے انکار، استعفیٰ آگیا۔ اور والد صاحب قبلہ کو انہوں نے صاف صاف لکھ بھیجا کہ جس عالم میں کل آپ کے بلند اقبال نظر آئے ہیں اس کے بعد مجھ سے آپ کو یہ امید نہ ہونا چاہئے کہ میں ان کو اپنا داماد بنا سکوں گا۔ والد صاحب چیخے۔ والدہ بیچاری روئیں۔ اور آخر دونوں کی متفقہ رائے سے یہ تجویز منظور ہو گئی کہ ایسی اولاد ہوتے ہی مر جائے تو زیادہ بہتر ہے۔ اس تجویز میں ایک خامی یہ تھی کہ یہ طے نہ ہو سکا کہ اگر یہ اولاد نہ مرے

ہوتے ہی، تو اس کے ساتھ کیا سلوک کرنا چاہیے۔ جھگڑا یہ پڑ گیا تھا کہ والد صاحب تو ابھی گولی مار دینے کی تائید میں تھے۔ خواہ اس کارِ خیر کے لیے کسی کی بندوق ہی کیوں نہ چرانا پڑے۔ مگر والدہ صاحبہ کا نعرہ یہ تھا کہ کھوٹا پیسہ اور نالائق اولاد وقت پر کام آ ہی جاتی ہے۔ چنانچہ اسی میں اپنا کام بن گیا۔ ورنہ آج شہیدانِ ملت میں اپنا شمار بھی ہوتا۔

نسبت کے چھوٹنے اور والد صاحب کو ناراض کرنے کے بعد اب تو اور بھی آزاد تھے۔ دوسرے یہ بات ذہن نشین ہو چکی تھی کہ منزل لیلیٰ کے لیے شرطِ اوّل مجنوں بننا ہے۔ ایسے ایسے خدا جانے کتنے امتحان دینا پڑیں گے۔ چنانچہ اب ہر طرف سے خالی الذہن ہو کر، میں تھا اور قومی خدمت، آج یہاں لاٹھی کھا رہے ہیں۔ کل وہاں ڈنڈوں کی دعوت ہے۔ آج اس جلسے میں پولیس نے مارتے مارتے بھرتہ کر دیا۔ کل اس جلسہ سے پولیس پکڑ لے گئی۔ اور شہر کے باہر لے جا کر چھوڑ آئی۔ قصہ مختصر یوں ہوتا ہے کہ پٹے اکثر بچے بہت کم۔ اور دو دن کے لیے جیل بھی ہو آئے۔ یہاں تک کہ اسی عالم میں چودہ اگست ۱۹۴۷ء آ گئی۔ اور ہمارا نعرہ یکایک واقعہ بن گیا۔ دل نے کہا۔

مورے سیاں بھئے کوتوال اب ڈر کاہے کا

مگر ابھی خوش بھی نہ ہونے پائے تھے۔ کہ ایک تبسم نے لاکھوں آنسو نچوڑ لیے یہ ایک مسرت سیکڑوں غموں کے معاوضہ میں ملی۔ معلوم ہوا کہ قومی رضاکار اب بننا ہے کہ جو لوٹے جا رہے ہیں ان کو بچائیں۔ جہاں آگ لگی ہے وہاں سر فروشانہ اپنے کو جھونکنا ہے۔ اپنے کو نہیں دوسروں کو بچانا ہے۔ منزل سامنے ہے مگر عبور کرنے میں خون کے سمندر، آگ کے جہنم، بلکتے ہوئے بچوں کو چھوڑ کر نہیں جا سکتے۔ ماؤں کی چیخوں کو سنی ان سنی نہیں کر سکتے، زخمیوں کی کراہوں کو روند کر آگے نہیں بڑھ سکتے۔ سب کو لیے ہوئے بڑھے۔ جو پاس تھا، وہ زخم دینے والوں کو دیا۔ پاکستان پر سب کچھ نچھاور کرتے ہوئے۔

دونوں ہاتھوں سے اپنے کو لٹاتے ہوئے زخموں سے چور مگر مسرور اللہ اکبر کی گونج اور خود نگری کے نشے میں جھومتے ہوئے والہانہ اپنی منزل کی طرف بڑھے۔ غلامی نے سرحد تک تعاقب کیا کہ او بے وفا صدیوں کی رسم توڑ کر کہاں جاتا ہے۔ مگر آخر اپنی آزاد مملکت میں پہنچ گئے۔ جو کھویا تھا یکلخت بھول گئے۔ معلوم ہوا سب کچھ پا گئے، زخموں سے چور تھے۔ فاقوں سے نڈھال تھے۔ خون رلانے والے مناظر، دل پاش پاش کیے دیتے تھے۔ مگر اب دل کو اطمینان تھا۔ کہ سب کچھ مل گیا۔ نقصان کا دور گذر گیا۔ تلافی کا وقت آ پہنچا۔ چقندر نما باہوں پر نیلے نیلے اژدھوں اور سانپوں کے نقوش لیے ہوئے گورے سیٹیاں بجا بجا کر کوئنک مارچ کر رہے تھے۔ اور اب ہم ان پر فاتحانہ نظر ڈال رہے تھے۔

رفتہ رفتہ ایک سال گزرا۔ دوسرا گزرا اور تیسرا بھی گزر گیا۔ حالات پہلے معمول پر آئے۔ پھر تعمیری سرگرمیوں نے غیر معمولی صورت اختیار کرلی، زخم بھی مندمل ہوگئے۔ اور بچھڑے ہوئے بھی مل گئے۔ تو اب پھر اپنا کنوارا پن یاد آیا۔ ارادہ ہوا کہ اب شادی کرلیں۔ ادھر ادھر نظر دوڑائی۔ مگر نظر سے کام نہ بنا۔ آخر ایک دوست ہی کام آئے۔ اور ایک جگہ سلسلہ جنبانی کر دی۔ یہ بڑا شریف گھرانہ ہے۔ بڑے دردمند مسلمان ہیں یہ لوگ۔ اور سنا ہے کہ صاحبزادی کو خدا نے گریجویٹ ہونے سے بال بال بچایا ہے۔ صرف چند نمبروں سے فیل ہوئی ہیں۔ صورت شکل سنا ہے بہت اچھی ہے۔ فرشتہ خصلت، مجسمہ صنعت و حرفت اور خدا جانے کیا کیا ہیں۔ مجھ کو آج ہی ان کے یہاں دیکھنے کو بلایا گیا تھا۔ چنانچہ جب میں وہاں پہنچا ہوں تو وہ بزرگ جن کا تقدس ایک فرلانگ سے نظر آرہا تھا۔ بڑی گرم جوشی سے بڑھے۔ وظیفہ ملتوی فرمایا اور نہایت شفقت سے اپنے ساتھ جنت نظیر ڈرائنگ روم میں لے گئے۔ اور ادھر ادھر کی رسمی باتیں کر کے فرمایا، "صاحبزادے اور تو سب کچھ ٹھیک ہے، مگر آپ کے بیان سے معلوم ہوتا ہے کہ

آپ گویا مہاجر ہیں۔"

عرض کیا، "میں تو اپنے آپ کو مہاجر نہیں کہتا۔ میں تو سچ پوچھیے تو دشتِ غربت سے وطن آیا ہوں۔ یہ میرا گھر ہے۔ میں نے سپاہیانہ عزم اور ہمت کے ساتھ اس کو فتح کیا ہے، میں اس کا فاتح ہوں۔"

بڑی متانت سے بولے۔ "یہ درست ہے مگر مہاجر ہی ہوئے نا آپ، اور میرے واسطے مصیبت یہ ہے کہ دنیا یہی کہے گی کہ میں نے اپنی لڑکی ایک مہاجر کو دے دی۔"

حیرت سے پوچھا، "تو گویا یہ بری بات ہے۔"

بڑے اللہ والے بن کر بولے، "یہ تو میں کیسے کہہ سکتا ہوں۔ جب کہ مہاجر نوازی ہمارا مذہب ہم کو سکھاتا ہے۔"

بات کاٹ کر عرض کیا۔ "بلکہ مہاجر اور انصار کو ایک رشتہ میں۔۔۔"

وہ بھلا بات کیوں نہ کاٹتے۔ "جی جی وہ میں سمجھ گیا۔ مگر برخوردار یہ برادری والے نہایت نامعقول ہوتے ہیں۔ کس کس کی زبان بند کروں گا میں۔"

اور جب مجھ کو بہت مایوس دیکھا تو جھوٹ بھی بول دیے "بہرحال میں غور کروں گا۔ مگر یہ واقعہ ہے کہ آپ سے مل کر بے حد مسرت ہوئی ہے۔"

کاش ان کو معلوم ہوتا کہ مجھ کو ان سے مل کر کس قدر "مسرت" ہوئی۔ مگر میرے دوست نے بڑے مزے کی بات کہی ہے کہ بھائی تم کو آزادی کا شوق تھا وہ پورا ہوا۔ پھر کیوں اپنی اس آزادی کو دائمی غلامی سے بدل رہے ہو۔ گورے کی غلامی سے بیزار اور گوری کی غلامی کے لیے بے قرار۔ سمجھ میں نہیں آئی یہ بات۔

❋ ❋ ❋